CULTURA DE CONFIANÇA

Caro(a) leitor(a),
Queremos saber sua opinião sobre nossos livros. Após a leitura, curta-nos no **facebook.com/editoragentebr**, siga-nos no **Twitter @EditoraGente**, no **Instagram @editoragente** e visite-nos no site **www.editoragente.com.br**. Cadastre-se e contribua com sugestões, críticas ou elogios.

LUIZ FRANÇA

CULTURA DE CONFIANÇA

A arte do engajamento para times fortes e que geram resultados

Diretora
Rosely Boschini
Gerente Editorial Sênior
Rosângela de Araujo Pinheiro Barbosa
Editora Júnior
Rafaella Carrilho
Assistente Editorial
Tamiris Sene
Produção Gráfica
Fábio Esteves
Preparação
Algo Novo Editorial
Projeto Gráfico e Diagramação
Vanessa Lima
Revisão
Amanda Oliveira e Elisabete Franczak
Capa
Plinio Ricca
Impressão
Edições Loyola

Rua Natingui, 379 – Vila Madalena
São Paulo, SP – CEP 05443-000
Telefone: (11) 3670-2500
Site: www.editoragente.com.br
E-mail: gente@editoragente.com.br

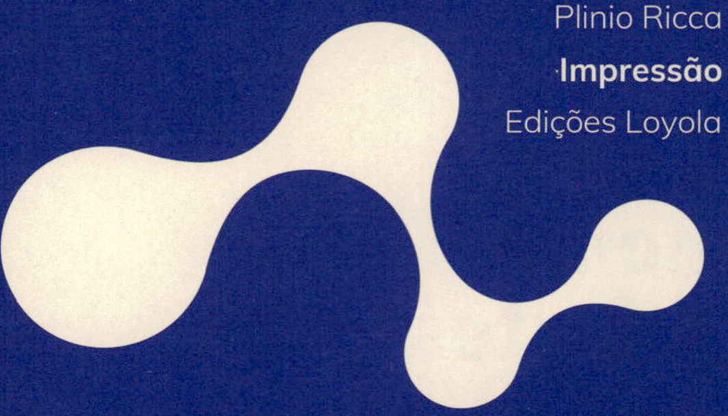

Dados Internacionais de Catalogação na Publicação (CIP)
Angélica Ilacqua CRB-8/7057

França, Luiz
Cultura de confiança: a arte do engajamento para times fortes e que geram resultados / Luiz França. – São Paulo: Editora Gente, 2022.
192 p.

ISBN 978-65-5544-225-0

1. Desenvolvimento profissional 2. Negócios I. Título

22-2579 CDD 174.4

Índice para catálogo sistemático:
1. Desenvolvimento profissional

nota da publisher

Todo executivo e empreendedor adora acompanhar o desenvolvimento e engajamento de sua equipe e sabe que uma gestão com propósito é fator essencial para ajudar os colaboradores a encontrarem felicidade dentro e fora da organização.

O experiente Luiz França busca humanizar gestões, é dedicado a ajudar indivíduos e empresas a crescerem e a desenvolverem seus propósitos e promove uma produtividade com sentido real de crescimento. Generoso, o autor divide conosco tudo o que aprendeu sobre gestão todos esses anos trabalhando como líder.

Cultura de confiança é uma obra preciosíssima para você, amiga gestora, amigo gestor, que deseja aumentar a colaboração entre os departamentos – fazendo todo o time trabalhar junto, com o mesmo propósito –, cuidar dos seus colaboradores reconhecendo seus limites, como humanos que são, e, assim, guiar a equipe direto para uma vida próspera, aumentando a produtividade da organização.

A liderança humanizada é o futuro da gestão bem-sucedida e Luiz sabe disso. Por esse motivo escreveu esta obra riquíssima para ensinar diretores como prosperar. Venha ser um líder humano, impactar positivamente a sociedade e inovar na sua área de atuação por meio de colaboradores engajados e felizes.

Rosely Boschini – CEO e Publisher da Editora Gente

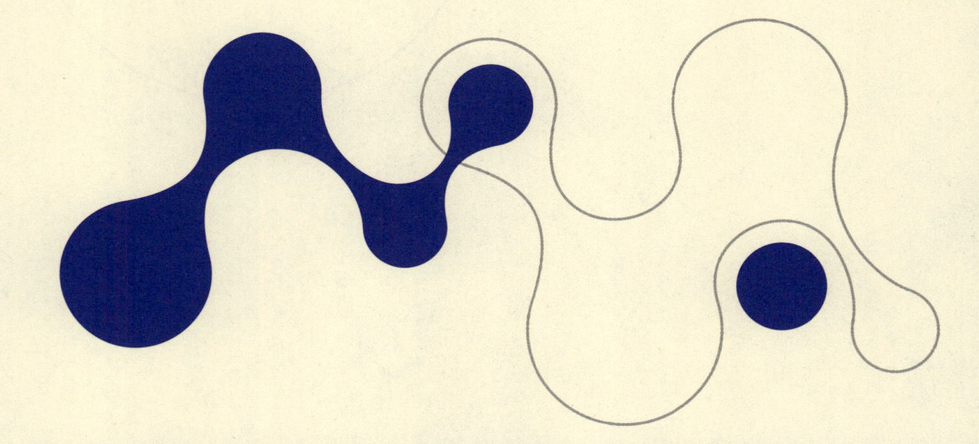

dedicatória

A Ilma, Luana, Malu, Teca e Jacinto,
que me presenteiam com energias
e ondas vitais para seguir em frente.
E às pessoas maravilhosas que
compartilham a jornada ao meu lado
a fim de aprender a transformar
o mundo do trabalho todos os dias.

sumário

PREFÁCIO

Quem vivencia a realidade do mundo corporativo sabe muito bem que os principais temas abordados são: métricas, metas, conquistas, crescimento, evolução, recorde e outros sinônimos que vivem martelando em nossa mente. Estamos acostumados com a visão de "suar a camisa" e passar noites insones, tudo em prol de uma palavrinha que estimula, mas também assombra, muitas pessoas: resultado!

Porém, hoje, tudo está mudando. Sim, tudo o que mencionei segue importante para a sobrevivência e expansão dos negócios. Eu mesmo uso esses termos no meu dia a dia com grande frequência, mas estamos vivendo uma realidade que nos mostrou algo diferente: **apenas o resultado pelo resultado não basta**.

Aliás, melhor dizer: o resultado apenas pelo resultado é o que vai acabar afundando a sua empresa!

Vivemos uma realidade muito distante daquela em que o Chaplin apertava as peças em uma esteira de fábrica – ou pensamos que estamos –, mas, ainda assim, um enorme problema dentro das corporações, e que apenas muito recentemente tem sido discutido com a relevância que exige a nossa economia, é a relação entre o engajamento da equipe e a sua produtividade.

Desenvolver uma cultura que promova não apenas o bem-estar dos colaboradores, mas que também entregue propósito para o que eles realizam todos os dias tornou-se primordial, pois impacta diretamente nos números que desejamos ver no fim do semestre. Além de ser, em minha opinião, um princípio que todo gestor deveria ter para si em relação àqueles que se esforçam para o melhor desenvolvimento da companhia.

O mundo está em constante evolução, assim como o seu negócio também deveria estar!

Uma certeza que carrego é a de nunca estar sozinho nessa empreitada, sensação que sei ser comum entre os líderes no mundo empresarial. Isso tudo porque conto com uma equipe enxuta, mas campeã, que acredita na missão da empresa e que realmente veste a camisa para concretizar nossos objetivos.

Porém, eu não aprendi a gerir equipes da noite para o dia, até porque, no início de minha carreira, a relação entre os diversos níveis hierárquicos nas empresas era muito diferente da atual. Muita coisa mudou, e ainda está mudando, e é por isso que precisamos de alguém como o Luiz França para nos iluminar o caminho a ser seguido.

Conseguiu sentir o peso da questão que será abordada neste livro profundamente bem estruturado pelo Luiz França? Eu não estou aqui para falar com você sobre sua carreira ilustre ou seus resultados pra lá de excelentes, mas para mostrar que as próximas páginas podem fazer a diferença em sua ascensão no mercado em que trabalha.

No início de 2020, por exemplo, vimos nascer um novo cenário nos negócios, no qual muitas empresas sofreram muito e todas precisaram se adaptar. De início, surgiu a necessidade de implementar o home office, e isso agradou a muitos colaboradores. Uma pesquisa feita pelo Núcleo de Estudos Sodexo[1] mostrou que, no início, 70% das pessoas elogiaram a prática do home office. Entretanto, apenas três meses depois de trabalhar nessa modalidade, o índice de satisfação caiu para 45%. E isso acontece porque as empresas, ao tentarem se adaptar rapidamente, perderam a mão em um cenário caótico em que todos tentavam sobreviver.

Ainda quero chamar a sua atenção para outra onda que chegou em meados de 2020, um pouco mais silenciosa, mas para a qual também não estávamos preparados: a famosa geração Z. Os novos profissionais, que estão saindo

1 SENA, V. Ranking mostra as áreas com os profissionais mais felizes no Brasil. **Exame**, 1 dez. 2020. Disponível em: https://exame.com/carreira/ranking-mostra-as-areas-com-os-profissionais-mais-felizes-no-brasil/. Acesso em: 6 maio 2022.

fresquinhos das universidades em todo o mundo, não trabalham da mesma maneira que as gerações anteriores. Suas ambições são diferentes, seu comportamento é outro e sua relação com o trabalho *versus* a vida pessoal também é nova. E quem estava preparado para enfrentar esses jovens pioneiros, empreendedores, que não aceitam horários rígidos nem ambientes que não promovam motivação?

Eu sei que eu não estava, nem para uma onda nem para a outra, mas procurei aprender e me desenvolver com elas. E estou aqui para mostrar que foi possível me adaptar com qualidade, mesmo em meio a tanta pressão.

Não adianta nada enxergar uma necessidade, mas fechar os olhos para as mudanças exigidas no caminho. Hoje você tem em mãos um livro construído com profunda dedicação para entregar um caminho mais simples, menos doloroso e mais rápido para que a sua empresa efetivamente crie times mais engajados e conquiste todos os objetivos desejados.

Nestas páginas, você encontrará uma mão amiga, estendida e pronta para ajudar nesse processo. E aqui fica a minha dica final: faça um mergulho profundo nesta obra, e você emergirá com um novo caminho para o sucesso de seu negócio.

Aceite o desafio, faça uma boa leitura!

Ricardo Shinyashiki,
founder da GenteLab

INTRODUÇÃO

RESSIGNIFICANDO O PAPEL DAS ORGANIZAÇÕES

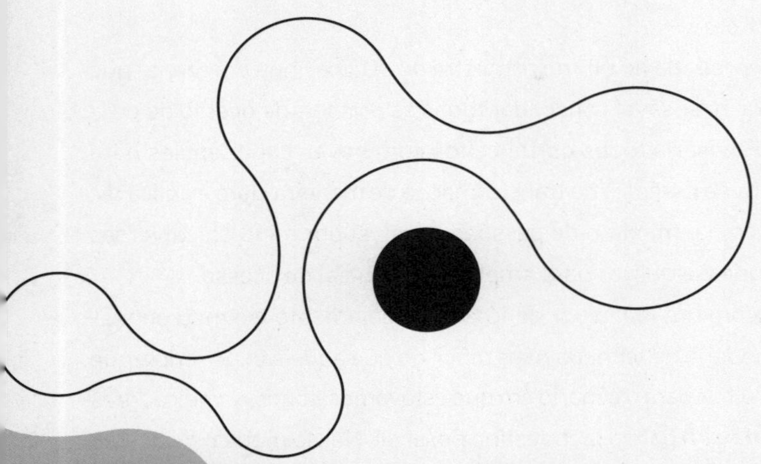

Era o segundo semestre de 2010 quando sonhei com *Cultura de confiança* pela primeira vez. Naquele momento eu trazia na bagagem uma larga experiência profissional e havia atuado em diversas empresas multinacionais e nacionais de grande porte, em uma jornada que já contava com mais de vinte anos de desafios em processos de gestão de pessoas.

Não entendia por que era tão difícil desvendar a fórmula do engajamento e da felicidade no trabalho. Desejava algo prático, mas que fosse além dos manuais operacionais. Sonhava conhecer e compartilhar a essência.

Naquele momento eu já tinha muitas histórias para contar sobre o que deu certo e o que não deu tão certo assim. Algum desconforto ainda existia em mim, pois eu pensava que tudo seria mais aplicável se eu tivesse um ciclo completo de experiência, se pudesse colocar em prática e viver novos acertos e erros para compartilhar com o mundo.

As angústias e os anseios eu já tinha. Vivia um interesse genuíno de melhorar os ambientes empresariais e a crença de que o universo dos negócios tem sido a principal ferramenta de evolução da sociedade e de transformação da humanidade.

Quando fui convidado para assumir a gestão de pessoas em uma empresa multinacional com uma planta industrial no nordeste brasileiro, que necessitava de um processo de transformação cultural e estabelecimento de identidade empresarial para as pessoas que lá trabalhavam, já que até então era conhecida pela marca anterior à aquisição, e com resultados empresariais que estavam longe de atender às expectativas dos atuais acionistas, me vi diante de um desafio.

Assumi essa empreitada no último trimestre de 2010 e tinha em mente que buscaria de maneira incansável consolidar todas as práticas de gestão de pessoas que aprendi. Revisaria todos os conceitos com novas experiências para que eu pudesse extrair a essência da transformação de maneira clara e aplicável, compartilhando-a com o máximo de pessoas possível por meio das diversas ferramentas que pudesse utilizar para ampliar o potencial de acesso.

Tudo começou com um indicador de 16% de engajamento e o meu pensamento de que não poderia haver nada mais difícil do que aquela experiência que enfrentaríamos. Ao olhar para o cenário em que estávamos, todos os indicadores convencionais apontavam para o pior destino possível. Nosso modelo de gestão era questionado por todas as instituições e pessoas, sofria severas críticas, mas o pior era não poder contar com a confiança do nosso próprio pessoal, porque o instante que vivíamos era caótico, e qualquer discurso de mudança era visto como uma farsa, mentira ou como uma maneira de aumentar a lucratividade. O fato é que a lucratividade não existia. Nossos resultados eram abertos por ser uma sociedade anônima e existiam muitas incertezas com relação ao futuro.

Estávamos diante de momentos difíceis e poderíamos desistir, assumindo que não teríamos a menor chance de mudança. Mas ao invés de aceitar o desempenho ruim, resolvi utilizar nossa história de aprendizagem e viabilizar uma empresa real por meio de ações para reforçar o engajamento. Aquilo não era um processo consultivo, era experiência na veia e tinha todos os riscos que um grande negócio poderia ter. Era vida real.

Hoje posso compartilhar cada ação prática que utilizei para a formação de líderes e gestão de pessoas por meio de uma sequência aplicável e com resultado confirmado. Nossa trajetória partiu de 16% de engajamento para a construção de um ambiente premiado como a melhor empresa para se trabalhar no Brasil e com o melhor índice de felicidade no trabalho (IFT).

No princípio tudo parecia nebuloso; a prioridade foi entender quais negócios estavam dando certo e tinham alta rentabilidade, e quais estavam fracassando e apresentavam baixo desempenho. Era necessário identificar o que os diferenciava no mercado e entender o comportamento das empresas no mundo.

Um fator comum nas empresas que gozavam de boa reputação e excelente desempenho é que a maioria delas estava posicionada entre as melhores empresas para trabalhar em seus países. Os melhores resultados também eram observados em anos consecutivos, portanto não eram movimentos esporádicos ou ações momentâneas que faziam esse grande diferencial entre o sucesso e o fracasso nos ambientes de negócio.

Outro fator importante é que as empresas de elevado desempenho também estavam em uma curva de aprendizagem sobre sua razão de existir para o mundo, avaliando o próprio desempenho para além dos resultados financeiros. Portanto, foi possível categorizar as organizações e entender que o mais elevado nível de rentabilidade estava vinculado com as soluções que essas organizações geravam para o mundo, transformando o seu mercado e o ambiente em que atuam.

Na essência de todo o processo de transformação estava a liderança. Era preciso entender quais eram as práticas desses líderes, seus estilos e o propósito que os guiava para desenvolver talentos e formar uma legião de pessoas capacitadas para além do trabalho.

Nessa trajetória de desenvolvimento das pessoas, compreendemos melhor a força do propósito e como ele age na formação da cultura organizacional, quais pilares reforçam um excelente processo de gestão e o que diferencia as pessoas de elevado sucesso. Era importante entender, também, quais ferramentas faziam a diferença no desempenho desses profissionais.

Estou falando de ferramentas administrativas que rompem com os modelos atuais e quebram os ciclos de conformidade social nos modelos de gestão das empresas, e que nos ajudaram no reposicionamento. Mas nada foi tão eficiente quanto a nossa coerência e consistência em tudo aquilo em que acreditávamos e o que realizávamos, colocando o ser humano no centro de todas as decisões e fortalecendo a crença de que as pessoas são a única razão de ser para os negócios.

Sem pessoas não há empreendimentos. A força que as pessoas dedicam à realização de seus projetos, oferecendo o melhor de seu potencial, reforçará as experiências que impactarão outro grupo importante: os clientes.

A arte de engajar traz essas ferramentas poderosas para surpreender as pessoas em todas as instâncias dos negócios, mas, acima de tudo, reforço a necessidade de mudar nossas crenças a respeito do modelo de gestão e questionar nossas práticas, a fim de que tudo o que fizermos tenha uma clara razão.

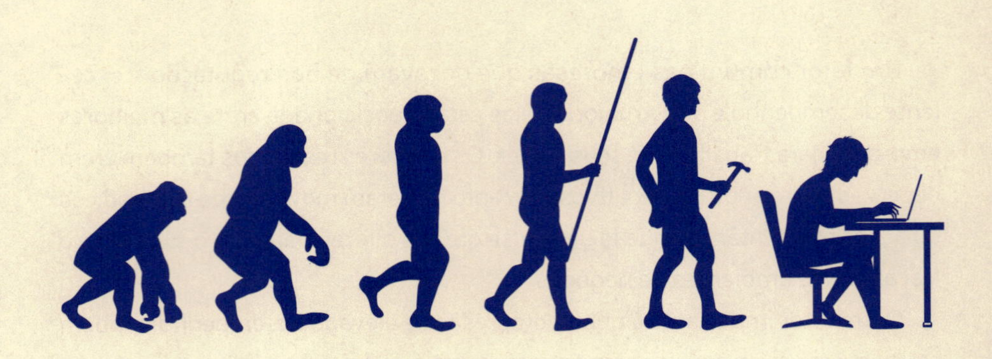

EVOLUIR E SERVIR serão a essência de tudo o que apresentarei neste livro. Vamos aprender como fazer da liderança a força que emana energia e transforma a vida das pessoas, para que todos vivam o seu melhor dia após dia, em constante evolução e a serviço de todos, ressignificando o trabalho em nossa vida e acelerando as mudanças de que os ambientes de negócio precisam, gerando ciclos de prosperidade para todo o ecossistema.

O engajamento será a força propulsora com a qual as pessoas terão orgulho do que fazem, serão as embaixadoras de marcas e poderão viver suas melhores versões todos os dias em um ambiente que fomenta o desenvolvimento e que levará o trabalho e a humanidade a uma nova dimensão, gerando felicidade e prosperidade para todos.

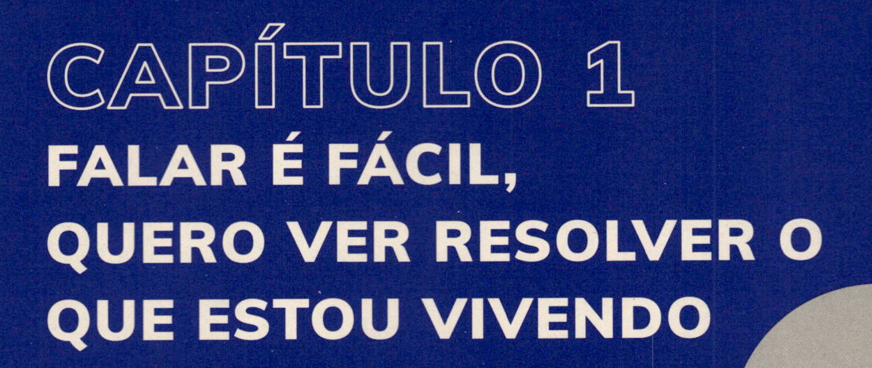

CAPÍTULO 1

FALAR É FÁCIL, QUERO VER RESOLVER O QUE ESTOU VIVENDO

Quando o ponto de partida está além dos desafios dos outros

Quando dialogo com empresários, executivos, líderes e profissionais, identifico que nos ambientes corporativos convivemos com dores bastante comuns e desafiadoras para todos. Elas impedem a visão clara do futuro e geram confusão sobre quais serão nossos passos no curto prazo para fazer a transformação da cultura organizacional.

Os cenários em que vivemos e aquilo que enfrentamos sempre apresentam particularidades difíceis de lidar. Sendo assim, acho salutar apresentar os argumentos que ouço de cada um dos nossos eixos de negócio para entendermos os desafios que trazem aflições para a maioria de nós.

Saber que não estamos sozinhos me ajudou a entender que existem outras pessoas que buscam soluções para as mesmas dores que eu sinto. Também é importante entender que, ao transformar os nossos desafios em conquistas, podemos levar a mesma iniciativa para muitas outras pessoas, reforçando assim a importância de não perdermos a visão de que somos seres sociais e que nossas dores, em quaisquer das esferas, são similares às dores dos outros.

A necessidade de superar os desafios de gestão ocorre em todos os níveis e com todos os grupos, impactando diretamente o sistema social, tanto pelas interferências provocadas pelas organizações no meio em que atuam quanto pelas influências que elas recebem desse mesmo meio em que estão inseridas.

Nos inúmeros diálogos que tive sobre a transformação que vivi e construí na minha jornada empreendedora, é incrível a quantidade de vezes que ouvi as pessoas repetirem que **difícil mesmo é a situação em que elas vivem e os desafios que elas precisam superar**.

Quando desenhei os primeiros passos deste projeto, era impossível imaginar se seria viável realizar o encantamento de empresas. Iniciamos pela necessidade de gestão de contextos caóticos e vistos por nós como incomparáveis, mas, ao descrevê-los aqui, é possível que você – gestor, executivo, empreendedor ou empresário – reconheça as adversidades que rodeiam sua estratégia neste momento e que exigem enorme criatividade, resiliência e visão para lidar com tudo.

Desafios para a alta direção

O primeiro impacto que sempre nos atormenta e nos faz perder noites de sono é o desafio de lidar com as finanças e dar conta de todos os compromissos. Quando tudo está caótico, o planejamento para equilibrar receitas e despesas parece não encontrar caminhos efetivos. Nesse momento olhamos para dentro e temos a impressão de que ninguém está preocupado com isso. Além disso, no mercado, parece que os clientes resolvem negociar para aumentar o fluxo de caixa deles e forçam a ampliação dos prazos para pagamento. E sem equilíbrio, em busca de sobreviver, acabamos achando que não haverá outra saída. Mas não termina aí...

Os credores também percebem que nosso equilíbrio não está favorável e que é hora de renegociar os contratos – aquele discurso de eternos parceiros parece nunca ter existido. Pensa que acabou e não há nada mais que possa influenciar a sua gestão financeira? Esqueça... Ainda faltam os contratos com fornecedores, que buscam por correção, e você tem a impressão de que somente seu concorrente está tendo prioridade e sendo agraciado por práticas de abastecimento com as quais você sempre sonhou, pois, ao acompanhar os noticiários, entende que seu mercado está expandindo e os competidores resolveram destinar capital para planos de expansão.

Que bom seria se todos os problemas fossem apenas esses que acabei de expor. Mas eu sei que você ainda precisa lidar com fatores internos e, ao olhar para a sua organização, conclui que os departamentos estão em um verdadeiro pé de guerra, acusando uns aos outros. As pessoas se queixam de baixa valorização, pouco reconhecimento e ausência de recursos para que possam fazer adequadamente o trabalho. No seu entendimento há a percepção de que existem baixos compromisso e desempenho porque os produtos e serviços não são realizados com a qualidade, o prazo e os custos que você planejou. Os projetos estão comprometidos ou são inexistentes, e as pessoas aceitam qualquer proposta do mercado para deixar a sua empresa e seguir com outras.

Quando tudo está tão difícil, ainda surgem movimentos de conexão dos desafios internos com outras fontes de monitoramento que influenciam diretamente o seu negócio. Informações e denúncias saem de dentro dos seus muros, espalhadas pelo seu pessoal ou por entidades sindicais, para que o secretário do trabalho e as equipes investiguem e façam autuações com base em seu modelo de gestão e no cumprimento das obrigações. Procuradores e profissionais de órgãos públicos surgem para questionar os detalhes da sua administração.

Nesse momento começamos a ficar perturbados e a acreditar que existe uma enorme teoria da conspiração em torno de nós. Pessoas que desejam que tudo desabe e que aparentemente não estão preocupadas com mais ninguém neste mundo, dedicando tempo integral para nos prejudicar.

Executivos e empreendedores se queixam de que investiram nos desenhos de sua estratégia de negócio e que as pessoas têm baixo nível de compreensão e comprometimento, exigindo elevado esforço de comunicação e obtendo baixa resposta dos interlocutores. Em geral, elevados investimentos foram feitos para proporcionar simplicidade na linguagem, com imagens autoexplicativas, para que a mensagem fosse transmitida em todos os cantos e de todas as maneiras, mas não houve resultado.

Em meio ao desafio de tornar compreendida a estratégia, lidamos com diversas variáveis instáveis que prejudicam a nossa execução do plano de negócios. Mudanças na legislação, regulamentações com baixo nível de confiança empresarial e de elevado impacto nos investimentos a fim de interpretá-las, adaptá-las e aplicá-las influenciam a tomada de decisão e a perfeita execução.

Vulnerabilidade e gestão dos quatro pilares – pessoas, finanças, processos e clientes – parecem não combinar, e os resultados exigem posicionamento e definição de prioridades emergenciais para manter a saúde econômica do negócio, colocando em xeque as teorias e a estratégia, nossa capacidade de execução e a adoção de ajustes no meio do processo para atender às demandas que surgem a todo instante.

Poderia escrever muitas páginas mostrando apenas os desafios que nos impactam em todas as áreas, fazendo-nos acreditar que, quando tudo soa tão desafiador, parece que mais e mais fatores se voltam contra nós, tornando o ambiente caótico a ponto de parecer impossível encontrar a solução.

Desafios para os gestores

É fato que, se dirigirmos nossa atenção para os níveis de gestão, ouviremos que os responsáveis não têm apoio da alta direção da organização, que todas as responsabilidades estão sobre os ombros deles, que os colaboradores estão apresentando baixo comprometimento e que precisam de suporte para substituir pessoas e equipes.

O ser humano passa a ser complexo na combinação de suas individualidades e os gestores entendem que, quanto mais necessitam das pessoas, mais elas se tornam avessas ao trabalho. Assim, qualidade e tempo acabam sendo influenciados pelo baixo desempenho dos profissionais.

Surgem as narrativas de que pessoas de determinados grupos não apresentam o mesmo desempenho do que indivíduos de outros times e, então, deparamo-nos com diversos comparativos baseados nas vivências e crenças individuais, abrindo espaço para vieses inconscientes e acusações direcionadas. Na crise, surgem comparações entre a produtividade feminina e a masculina, entre pessoas de determinada região ou classe social e grupos similares de outras regiões, formações e capacitações, chegando ao ponto de se confrontar talentos e competências individuais.

Os gestores, com a intenção de corrigir imperfeições, clamam por política de apoio na disciplina, tornam-se mais coercivos e diretivos e, dependendo da situação, querem modelar as maneiras de fazer com base no sucesso das próprias experiências. Desejam mostrar cada vez mais para as pessoas os formatos de execução das tarefas, de modo que os colaboradores possam atingir o mesmo potencial que esses gestores tiveram no passado.

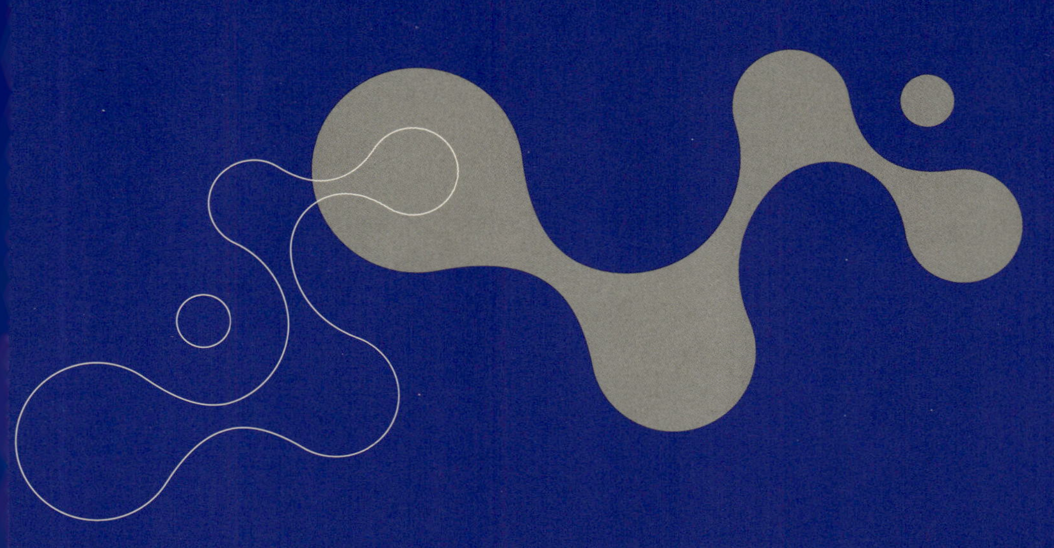

Os cenários em que vivemos e aquilo que enfrentamos sempre apresentam particularidades difíceis de lidar. Sendo assim, acho salutar apresentar os argumentos que ouço de cada um dos nossos eixos de negócio para entendermos os desafios que trazem aflições para a maioria de nós.

A ação com maior foco na disciplina e na maneira como as coisas devem ser feitas cria certa distância em relação às pessoas e abre espaço para outros atores sociais que estão diretamente ligados ao trabalho, fazendo surgir lideranças e conflitos com dirigentes sindicais. De maneira não planejada, as pessoas procuram critérios de equilíbrio e justiça em entidades formais para resgatar seus direitos, devido à baixa qualidade dos diálogos e à falta de confiança nos gestores, o que propicia o aumento de processos judiciais e de interferência de instâncias de proteção. Os gestores passam a entender que as pessoas começam a trilhar um caminho avesso ao trabalho e que cada um influencia outros, reforçando a crença de que a baixa eficiência e os seres humanos são os problemas de todas as organizações.

Como se não bastasse, ainda surgem os obstáculos dos conflitos com os colegas de trabalho, pares responsáveis por outros departamentos que lhe prestam serviços ou ainda com seus clientes, que parecem existir apenas para atrapalhar as pessoas na organização. Esses conflitos geram barreiras e morosidade no cumprimento dos processos, e o que mais podemos notar nas organizações são os dedos apontados, atribuindo aos outros a responsabilidade pelos erros, gerando relacionamentos com baixo nível de confiança e prejuízos pela ausência de sinergia e colaboração.

O desafio são as pessoas

O cenário de crise também influencia diretamente a percepção e as crenças das pessoas sobre as organizações; elas reconhecem os problemas que afetam cada empresa e atribuem a responsabilidade à alta direção e aos gestores.

Queixas sobre baixa autonomia e ausência de reconhecimento tornam-se a tônica dos diálogos entre os profissionais que reclamam da indisponibilidade de recursos e da ineficiência da alta direção para definir a visão e o posicionamento estratégico, argumentando que existe confusão entre os processos, os diálogos e as diretrizes empresariais. Também apontam como falha a capacidade de avaliação para a escolha de líderes e gestores, alegando que a política de contratação e promoção é derivada de indicação, utilizando o princípio das cartas marcadas, e que os talentos não encontram oportunidades para realizar o trabalho e crescer profissionalmente dentro da organização.

A relação entre pessoas e empresa é vista só como financeira, com o único objetivo de cumprir as metas empresariais, e com a visão de que os indivíduos são apenas números em todo esse ecossistema.

Quanto maior for a percepção de que o sistema empresarial não valoriza as pessoas, menor é o grau de contribuição para que o sucesso coletivo seja atingido. As pessoas responsabilizam seus gestores pela maneira como conduzem o negócio e como lideram as equipes, o que gera críticas sociais ao papel de chefe em todos os ambientes – em seus núcleos de conversa, as pessoas atribuem ao chefe os piores adjetivos.

Sou sempre questionado sobre o que fazer quando os chefes têm um estilo tóxico de gestão e destroem a intenção das pessoas de realizarem o seu melhor, quando tornam as equipes meras realizadoras de tarefas, sem sentido e sem vontade, acabando com a motivação do ambiente.

Um problema de todos

Com certeza você se identificou com muitas dessas situações descritas até aqui e provavelmente as vivencia na sua empresa. Todos elas são derivadas do que a Lederman Consulting & Education[2] classificou como os sete problemas empresariais mais comuns: falta de engajamento dos membros e insatisfação; trabalho entregue não satisfatório; clima ruim de trabalho; falta de objetivo ou planejamento para alcançá-lo; falta de transparência nas decisões; inflexibilidade; e, por fim, má gestão do conhecimento.

Se analisarmos esses problemas sob uma perspectiva generalizada, podemos identificar uma raiz comum: todos são relacionados a pessoas. Por isso, são investidos bilhões de dólares todos os anos para que a gestão de pessoas saia do quadrante das vulnerabilidades empresariais e seja posicionada no quadrante da expansão e prosperidade. Só no ano de 2019, foram investidos mais de 300 bilhões de dólares no mercado de treinamento corporativo, e estima-se

2 LEDERMAN, D. Conheça os 7 problemas empresariais mais comuns e como evoluir com cada um. **Lederman Consulting & Education**, 2019. Disponível em: https://www.ledermanconsulting.com.br/educacao-corporativa/os-7-problemas-mais-comuns-nas-empresas/. Acesso em: 21 abr. 2022.

ainda um crescimento exponencial desse investimento na próxima década.[3] No entanto, parece que os nossos esforços são insuficientes para obter êxito com essa variável tão singular, com elevada influência das identidades e potencial de resultados extraordinários.

O importante ao conhecer esses desafios é entender que todas as pessoas, em todos os níveis organizacionais, sonham e desejam encontrar soluções para que todos tenham êxito e possam viver suas melhores experiências pessoais e profissionais por meio do trabalho. Mas o grande desafio ainda ecoa por todos os cantos com a pergunta: "Como mudar tudo isso?".

Sabemos que existe solução e que podemos dar um significado melhor para o perfeito alinhamento entre alta direção, liderança e pessoas, a fim de que as organizações possam atuar com mais eficiência e atender aos anseios sociais. Para tanto, é preciso reformular nossos modelos e garantir que os ambientes de negócio também cumpram seu papel evolutivo para integrar melhor a sociedade.

Todo empreendimento merece uma jornada brilhante, voltada para a prosperidade e longevidade. Ser um investidor ou empreendedor é sempre um desafio de transformação social muito grande, que não está relacionado apenas com a nossa capacidade de fazer os negócios darem certo em termos de práticas de gestão, mas também com entender nosso compromisso social e o que estamos realmente entregando para os indivíduos. Nossa solução, além de atender a uma necessidade das pessoas neste mundo, também afeta todo o ecossistema por meio do modelo de operação e da influência nas diversas áreas da sociedade.

Quanto mais grandiosos nos tornamos, mais influenciamos a vida das pessoas, levando, por meio da nossa prática de fornecimento de processos, produtos e serviços – devidamente estruturada com os pilares de gestão de pessoas, clientes, processos e finanças –, algo que beneficia a sociedade e faz com que as entregas superem as necessidades. Tudo isso influencia o estilo de vida, os padrões e a capacidade do ser humano de tornar-se melhor a cada dia.

3 ALLIED MARKET RESEARCH. Global Corporate Training Market to garner $417.21 billion by 2027: AMR. **GlobeNewswire**, 10 fev. 2021. Disponível em: https://www.globenewswire.com/news-release/2021/02/10/2173383/0/en/Global-Corporate-Training-Market-to-garner-417-21-billion-by-2027-AMR.html. Acesso em: 21 abr. 2022.

A necessidade de superar os desafios de gestão ocorre em todos os níveis e com todos os grupos, impactando diretamente o sistema social, tanto pelas interferências provocadas pelas organizações no meio em que atuam quanto pelas influencias que elas recebem desse mesmo meio em que estão inseridas.

O grande desafio para todos nós é entender como podemos fazer isso de maneira brilhante, obedecendo às leis naturais da humanidade e transformando o futuro a partir das nossas ações empresariais de hoje.

SIM, existem maneiras de ser bem-sucedido – temos casos reais que demonstram o desempenho superior de parte das organizações sobre outras que insistem em manter os modelos tradicionais de gestão. Portanto, chegou o momento de desvendar esses mistérios e colocar a prosperidade à disposição de todos.

Como resolver as crises existenciais e de pertencimento dos profissionais nas organizações? Como a cultura empresarial poderá trazer soluções para todos os níveis e levar ao aprimoramento de pessoas, processos e crescimento em todas as instâncias? O que falta na estratégia e como podemos executá-la com elevado nível de engajamento de todos os envolvidos?

Quanto mais grandiosos nos tornamos, mais influenciamos a vida das pessoas, levando, por meio da nossa prática de fornecimento de processos, produtos e serviços – devidamente estruturada com os pilares de gestão de pessoas, clientes, processos e finanças –, algo que beneficia a sociedade e faz com que as entregas superem as necessidades.

CAPÍTULO 2
DESAFIOS PARA A TRANSFORMAÇÃO

Quebrando tabus e gerando significado para o trabalho

Todos os dias, como gestor de pessoas, busco uma solução transformadora para que as pessoas encontrem seu caminho e, assim, sejam eliminadas as queixas sobre dificuldades para sobreviver aos movimentos carregados de crises e problemas que afetam a performance empresarial. Nesses mesmos ambientes, encontro pessoas que também apresentam seu descontentamento e deixam claro por que temos indicadores de engajamento e satisfação no trabalho tão baixos.

Quando faço perguntas para esses profissionais, tentando entender o que está de fato acontecendo em torno do negócio e da vida profissional, sempre reconheço que existem muitas adversidades que promovem desafios quase insuperáveis. Mas, diante dos diálogos, sempre identifico conceitos frios e vazios sobre performance e processo, deixando claro que realmente automatizamos nossos discursos e nos perdemos da razão de nossa existência e nosso modo de agir, caindo em um abismo que chamarei de conformidade social.

A maior crise que enfrentamos não é a política ou a econômica – e aqui não quero desmerecer a grandeza e os impactos que esses cenários nos trazem, mas destacar a **crise de significado**. Nos perdemos em um contexto histórico de conquistas e poder, sem perceber o que estamos fazendo com o maior potencial humano, a consciência.

Queremos respostas em sequência lógica para os problemas do ambiente de trabalho, esquecendo que o ser humano evoluiu e chegou aos estágios atuais a partir do seu potencial de adaptação e do olhar livre para o mundo, apreciando as lições da natureza para romper com os padrões convencionais promovidos por nós mesmos.

Imagino como foram, no passado, nossos primeiros passos como humanos e como vencemos os desafios contra predadores tão eficientes que poderiam ter provocado o extermínio da nossa espécie. Penso em um bebê, que é extremamente frágil e começa a desenvolver defesas contra os predadores somente próximo à adolescência. No entanto, em tempos antigos, com a inteligência ainda pouco desenvolvida, correríamos risco iminente de morte e extinção.

Apresentarei aqui uma hipótese de que, no início, decidimos ficar todos juntos para aumentar nossas chances de sobrevivência, descobrindo rapidamente que somos seres sociais e colaborativos.

Mas ficar juntos não era o suficiente, pois nosso organismo necessita de energia para sobreviver. Então, alguns foram destacados para partir em busca de alimentos por meio da coleta de frutos ou da caça. Nesse período era realmente uma busca por sobrevivência e o termo é bastante adequado, pois, do grupo que partia, nem todos retornavam.

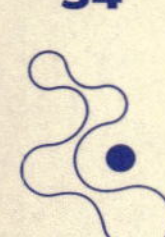

É como se a vida estivesse na comunidade que deixamos reunida e fôssemos em busca dos recursos para sobreviver. Era realmente algo sobre a vida, ou melhor, além da vida – naquele momento enfrentávamos desafios superiores às nossas vontades e tínhamos a surpresa da morte em alguns casos.

Assim, o trabalho foi ganhando a conotação de **sobre + vivência** e, aos poucos, fomos separando essa situação daquilo que chamávamos de vida, para que em um futuro muito distante pudéssemos pensar em encontrar, por meio dos programas de qualidade de vida, o equilíbrio entre o trabalho e a existência, ou seja, o equilíbrio entre o bom e o ruim, o que dá o formato real de nossa vida.

Literalmente, o começo do nosso movimento em busca da sobrevivência, que depois foi intitulado como trabalho, trazia desafios como **"matar um leão por dia", "vamos para a batalha, para a luta", "temos de dar o sangue hoje"**. Até que esses termos faziam todo o sentido no início da formação da espécie humana, mas milhares de anos se passaram e somos afetados ainda hoje por essas crenças e esses costumes. Eu lhe pergunto: Onde estão os leões de hoje? O que nos mantém repetindo esses termos até os dias atuais? Seriam os patrões? Chefes? Clientes?

Decidimos colocar um olhar tão árduo sobre o trabalho e a busca pela sobrevivência que deixamos de perceber como **o movimento de "partir em busca" nos transformou em quem somos hoje**. É verdade... Desde o princípio já precisávamos desenvolver habilidades, ferramentas e processos para ampliar o nosso potencial de existência, porém esses mesmos processos foram nos distanciando dos porquês. Os processos foram definidos e aplicados, colocando-nos dentro de um modelo de repetição sem precedentes, que hoje podemos chamar de conformidade social e que nos faz ignorar por que fazemos o que fazemos.

O fato principal é que, segundo um estudo realizado pela Gallup,[4] no mundo inteiro menos de 15% das pessoas estão engajadas. Elas vivem suas experiências no trabalho com sofrimento emocional, pois, ao seu lado, os restantes 85%, que incluem gestores e empresários, performam aquém das expectativas e estão extremamente insatisfeitos com os resultados, preocupados com os cenários externos e repetindo modelos de gerenciamento seculares na luta contra crises e prejuízos.

Engajamento mundial

De acordo com outra pesquisa da Gallup,[5] realizada em 142 países, cerca de ⅛ dos trabalhadores (o equivalente a aproximadamente 180 milhões de pessoas) estão comprometidos com seus trabalhos e são mais propensos a fazer contribuições positivas para as organizações.

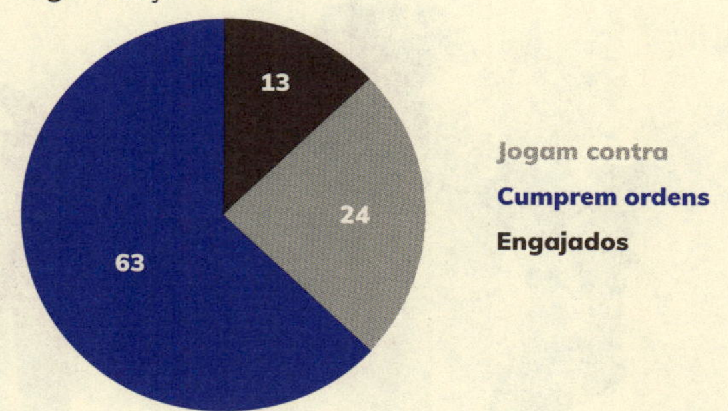

4 BARNEY, J. Only 15% of Employees Are Engaged. What Can Leaders Learn? **Einstein Marketer**, 2021. Disponível em: https://www.einsteinmarketer.com/employee-engagement/. Acesso em: 21 abr. 2022.

5 CRABTREE, S. Worldwide, 13% of Employees Are Engaged at Work. **Gallup News**, 8 out. 2013. Disponível em: https://news.gallup.com/poll/165269/worldwide-employees-engaged-work.aspx. Acesso em: 18 abr. 2022.

A mesma pesquisa revelou que esses níveis de engajamento também variam de acordo com a região. Estados Unidos e Canadá lideram o ranking, com 29% de engajados, seguidos de Austrália e Nova Zelândia, com 24%.

Chefe e trabalho estão entre os cinco principais temas em conversas sociais, ou seja, quando pessoas se reúnem em grupos, em locais como bares, restaurantes e praças esportivas, a maioria fala sobre quanto o ambiente de trabalho impacta negativamente a própria vida. Durante os diálogos, sempre surgem comentários sobre uma figura mítica chamada chefe, que parece se apoderar da felicidade das pessoas e transformar os dias delas em um verdadeiro inferno.

Ao olhar para o cenário global, mais de 50% das quinhentas maiores empresas anunciadas na *Fortune* no ano 2000 desapareceram.[6] Entre elas, entidades de todos os segmentos, incluindo negócios na área de tecnologia, que, apesar da modernização e dos ambientes criativos, também não tiveram forças para sobreviver.

Se as organizações grandiosas anunciadas na *Fortune* desapareceram, imagine as demais empresas espalhadas no planeta e que compõem a grande massa de empregadores.

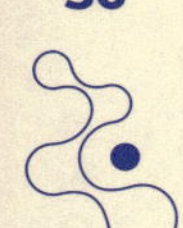

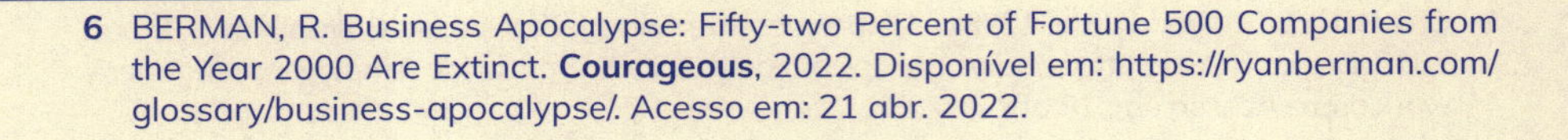

6 BERMAN, R. Business Apocalypse: Fifty-two Percent of Fortune 500 Companies from the Year 2000 Are Extinct. **Courageous**, 2022. Disponível em: https://ryanberman.com/glossary/business-apocalypse/. Acesso em: 21 abr. 2022.

Não quero aprofundar a discussão da evolução humana, e cada fase de conquistas, para demonstrar como nos tornamos quem somos hoje repetindo padrões sem sentido e vivendo infelizes, na expectativa de um dia podermos nos conectar com nossa felicidade e com aquilo que chamaremos de verdadeira vida. *É incrível como o ser humano*, que tem a capacidade de passar toda a sua existência tentando descobrir se há vida após a morte, se esquece de perguntar se temos vida antes da morte.

Em vinte anos, sofremos uma grande transformação silenciosa nos ambientes de negócio e nas formas de realizar o trabalho. A grande massa de organizações que abrigam as pessoas ao redor do mundo é formada por micro, pequenas e médias empresas com menos de mil empregados. No Brasil, por exemplo, as pequenas empresas são empregadoras de 70% dos trabalhadores,[7] um número muito alto e que não pode ser ignorado. Por esse motivo, acredito muito que essas empresas assumirão um novo papel na sociedade.

Algumas pessoas afirmam que nada vai mudar e que a maneira de fazer negócios continuará a mesma: pessoas vendendo as suas horas para contribuir com algo em que não acreditam, vivendo em busca de algum poder, correndo atrás de conquistas financeiras para que um dia possam usufruir de seu esforço e viver melhor quando estiverem próximas do fim da vida – se ainda houver tempo e energia vital para desfrutá-la, claro.

Visto que em vinte anos 50% das maiores empresas do mundo deixaram de existir, e que a mesma proporção de empresas menores atuantes no mercado desapareceu nesse mesmo período, afirmo o seguinte às pessoas que dizem que nada vai mudar nos ambientes empresariais: hoje o mercado foi reinventado por 50% de novas empresas e, diante da aceleração das mudanças impulsionadas pela tecnologia, teremos o surgimento de novos *players* em uma velocidade muito mais rápida.

Há duas maneiras de um negócio deixar de existir. A primeira é motivada pela arrogância de seus gestores, que não percebem que as necessidades do mundo estão mudando e que precisam trazer novas soluções; mas preferem criticar o mercado, colocando a culpa nos concorrentes, no governo e em todos os fatores externos, sem perceber que aquilo com que servem o mundo não será mais necessário e que novas soluções estão chegando.

Então perceba: todas as empresas que faziam parte da lista da *Fortune* tinham um maravilhoso planejamento estratégico; quadros demonstrando sua visão, missão e valores; perfeitas estruturas organizacionais distribuindo cargos, poder e recursos para todos os departamentos, além de excelentes processos bem desenhados pelas melhores consultorias do mundo, incluindo padrões de conformidade para a maioria delas.

7 PEQUENA empresa responde por 70% dos empregos. **Estadão**, 3 set. 2017. Disponível em: https://economia.estadao.com.br/noticias/geral,pequena-empresa-responde-por 70-dos-empregos,70001963654. Acesso em: 21 abr. 2022.

Nada disso evitou o declínio de verdadeiros impérios econômicos, e as pessoas que se conectaram com aqueles ambientes estão, agora, servindo a outras organizações. Outros fornecedores estão entregando novos produtos e serviços para os clientes daquelas empresas. Verdadeiramente, a maioria dessas organizações pertence apenas ao passado, e ninguém se lembrará delas em um futuro próximo. A exceção talvez sejam aquelas em que os casos foram bastante explorados e estudados por consultores e pesquisadores que hoje divulgam essas histórias marcantes, ou por pessoas que fizeram parte desses conglomerados e para quem restou somente o saudosismo dos velhos tempos e, em alguns casos, uma resistência ao presente e a projetos futuros.

Dentre as empresas desaparecidas, há ainda um segundo grupo, em que podemos incluir aquelas que "implodiram" por problemas internos. Nesta lista podemos considerar Enron, antes apontada como um dos maiores conglomerados petroleiros do mundo, que teve seu fundador Kenneth Lay e seu CEO Jeffrey Skilling condenados por conspiração e fraude eletrônica,[8] pois, apesar de todos os esforços, se perderam na busca por caminhos de produtividade e lucratividade, esquecendo a essência de seu negócio. Assim, criaram ambientes hostis e tóxicos para as pessoas, pulsando uma energia de escassez e condicionando-se aos mandos cegos de gestão, sem prestigiar seus ecossistemas, estabeleceram vínculos formados por interesses financeiros e fortalecidos por relações – com fornecedores, empregados e clientes – pautadas pela exploração de recursos e processos, com o intuito de tirar a maior vantagem possível. Nesses ambientes, os clientes são alvos, as pessoas são recursos e os fornecedores são oportunidades de redução de custos.

As empresas que ostentam os padrões do século passado e têm foco no modelo da lucratividade exploratória estão morrendo, assim como o público que se beneficiou delas, que valorizava vantagens e acúmulo de riquezas como fonte de poder. Os valores estão mudando. Segundo a pesquisa "A força de trabalho brasileira sob a ótica do engajamento", realizada pela americana Gallup,[9]

8 SEGAL, T. Enron Scandal: The Fall of a Wall Street Darling. **Investopedia**, 26 nov. 2021. Disponível em: https://www.investopedia.com/updates/enron-scandal-summary/. Acesso em: 22 abr. 2022.

9 QUANTO custa um funcionário desengajado e o turnover alto para a empresa. **Esolidar**, 11 fev. 2020. Disponível em: https://blog.esolidar.com/2020/02/11/custo-engajamento-de-funcionarios/. Acesso em: 21 abr. 2022.

as principais causas atuais para o desengajamento das pessoas são: mau relacionamento com a liderança, desvalorização do funcionário, infraestrutura básica em defasagem, incongruência entre valores pessoais e profissionais.

O principal fenômeno da humanidade é a sua capacidade de renascer em cada época com novas gerações que, por sua vez, beneficiam-se do processo evolutivo das gerações anteriores e reconhecem que devem estabelecer novas maneiras de viver e de se relacionar, quebrando os paradigmas do passado e trazendo um evoluído mecanismo de adaptação humana ao próprio processo evolutivo.

Nos últimos cinquenta anos, começaram a surgir novas gerações de empresas, e a sociedade reformulou seus pré-requisitos de relacionamento com as organizações, forçando-se à criação de novas relações contratuais. Surgem diariamente comunidades de pessoas que querem trabalhar por meio de um novo conceito. O trabalho passa a fazer parte da vida dos indivíduos que buscam um propósito e ambientes em que os índices de felicidade sejam uma realidade.

Em uma velocidade desenfreada, novos negócios são colocados à disposição do mundo e já nascem alinhados com os novos anseios e padrões da sociedade. Os velhos quadros emoldurados na parede destacando visão, missão, valores e preocupações com os padrões de qualidade e segurança permanecem afixados. No entanto, paralelamente surgem discursos em busca de um reconhecimento dos papéis das organizações para a sociedade. Com ele, surge uma palavra fortalecendo os diálogos: propósito. A valorização da cadeia ou do ecossistema em que a organização está inserida e o questionamento relativo ao papel da liderança vêm à tona.

Considerando tudo que falamos até agora e os novos modelos de gestão, afinal, qual é o novo modelo de negócio e como fazer as empresas assumirem um novo significado na vida das pessoas?

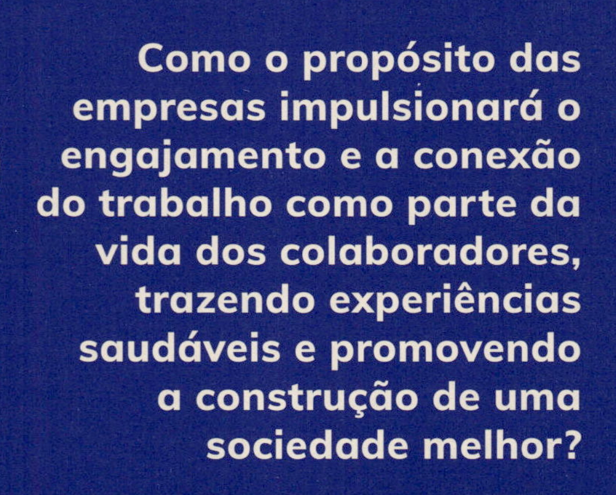

Como o propósito das empresas impulsionará o engajamento e a conexão do trabalho como parte da vida dos colaboradores, trazendo experiências saudáveis e promovendo a construção de uma sociedade melhor?

O mundo do trabalho tem salvação? O que estamos fazendo para que a excelência faça sentido para a nossa vida?

CAPÍTULO 3

QUANDO TUDO ESTÁ CAÓTICO, POR ONDE COMEÇAR?

Os primeiros passos para promover uma grande mudança

Iniciar a transformação pelo entendimento do propósito e da missão da organização seria o ideal para a caminhada de mudanças. No entanto, como vimos, a maioria dos ambientes vive desafios grandiosos para promover o engajamento, conquistar a confiança das pessoas e ter um estilo de liderança que as mobilize para a realização de seus sonhos, a fim de que os profissionais evoluam todos os dias.

Vivo a mesma ansiedade para falar sobre como construir um propósito que conectará todas as pessoas a uma causa maior do que metas individuais, mas precisarei primeiro compartilhar as ações de emergência para aqueles que estão diante de grandes crises e com ambientes contaminados pela falta de engajamento.

Devemos lembrar que o engajamento é escasso no mundo dos negócios. Encontramos pessoas que não acreditam que as empresas possam proporcionar ambientes saudáveis para elas. Portanto, primeiramente entender o que deve ser feito e a força das pequenas ações para mudar esse cenário é reconfortante para quem ainda tem um longo caminho a trilhar.

Não podemos dar nenhum passo sem antes acreditar que é importante ter um propósito claro que demonstre às pessoas **o motivo pelo qual a organização existe para o mundo e como ela serve à nossa sociedade**. Como afirmou Viktor Frankl em seu livro *Em busca de sentido*,[10] seguindo os

10 FRANKL, V. E. **Em busca de sentido**: um psicólogo no campo de concentração. Petrópolis: Vozes, 2021.

princípios de Heikel, "quem tem um porquê enfrenta qualquer como". Por isso, não podemos menosprezar a força do propósito.

Outro fator que abordaremos nos próximos capítulos é a importância do estilo de liderança, pois esse componente fundamental é **capaz de impactar positivamente em até 70% a satisfação das pessoas que trabalham em uma organização**.[11]

Você deve estar se perguntando: *se o propósito é tão importante e a liderança tem uma força tão grande na transformação, por que vamos conversar primeiro sobre as pequenas ações que causam grande diferença se isso tem o menor impacto percentual na satisfação das pessoas?*

De fato, devemos atuar com o propósito, com a formação de líderes e com o fortalecimento dos nossos pilares do engajamento de maneira simultânea, mas para começar um movimento devemos entender **quais são os pilares de cada cultura, os anseios das pessoas e como podemos seguir dando o exemplo de que as transformações serão genuínas e que os envolvidos realmente importam para a organização**.

Encare o caos com o simples e surpreendente primeiro passo

O poder da escuta ativa

Ouvir as pessoas e entender suas necessidades é o primeiro passo para a transformação. Sendo assim, apesar de falarmos sobre ações específicas, também abordaremos atitudes da liderança como maneira de romper com as estruturas e os padrões organizacionais. Vamos nos aproximar de todas as pessoas para conhecer suas dores. Quais são as dificuldades que elas têm para realizar o trabalho? Como poderemos colher as melhores ideias para que cumpram suas tarefas da maneira que lhes pareça mais adequada?

11 HARTER, J. Managers Account for 70% of Variance in Employee Engagement. **Gallup**, 21 abr. 2015. Disponível em: https://news.gallup.com/businessjournal/182792/managers-account-variance-employee-engagement.aspx. Acesso em: 21 abr. 2022.

Agir com simplicidade pode parecer fácil e logo traz os pensamentos que nos boicotam, como o famoso "eu já sei". No entanto, é preciso muita coragem para executar o que é simples e admitir que **o que sabemos não transforma o mundo, e sim o que fazemos**. A realização é a chave para todas as mudanças que queremos para o universo em torno de nós. Pode parecer loucura, mas realizar o que é simples dá muito trabalho, por isso temos a tendência de assumir procedimentos complexos com o objetivo de impor nossa vontade, definir mecanismos de controle e fazer as coisas como imaginamos, pois um dos maiores medos da sociedade é ouvir o outro e precisar lidar com o conteúdo gerado a partir dessa abertura de portas da consciência.

Romper os níveis e estabelecer canais de diálogo com as pessoas nos ajudará a descobrir os anseios de cada um. Mas apenas ouvir não é suficiente, precisamos entender por que as pessoas não estão conseguindo realizar o seu melhor trabalho, reconhecer as ineficiências e identificar ações claras para atendê-las. Com esse mapeamento, daremos o primeiro passo para estabelecer uma cultura de confiança porque, ao cumprir ações básicas para solucionar as dificuldades que as pessoas enfrentam – como fornecer um dispositivo eletrônico porque o equipamento atual é pesado e de difícil manuseio –, faremos com que elas notem que nossos movimentos são genuínos e que realmente nos preocupamos com as suas necessidades.

Alguns procedimentos são como são apenas porque alguém, de maneira autoritária, desejou que fosse daquela maneira; mas as pessoas que atuam nos processos reconhecem como eles deveriam ser e podem fazer sugestões de melhoria.

Pode parecer óbvio o que estou dizendo, mas na maioria dos ambientes, influenciados pela nossa arrogância, por políticas de contenção de despesas ou por falta de diálogo com os executores dos processos, acabamos submetendo as pessoas a atividades em cujo resultado elas não acreditam, forçando-as a realizar o trabalho contra sua vontade. Paralelamente, criticamos esse profissionais, alegando que não são comprometidos.

O primeiro passo que devemos dar para a transformação do ambiente é acreditar que todas as pessoas saem de suas residências todos os dias para contribuir com o seu melhor nos ambientes organizacionais. No entanto, ao se deparar com barreiras, falta de escuta ativa e, em alguns casos, desrespeito, sentem-se desvalorizadas – e então a lei da reciprocidade entra em ação. A energia que retorna é a pior de todas, porque as pessoas nos entregam o que entendem que entregamos para elas.

O medo de todo gestor de pessoas com relação ao diálogo franco e aberto é que os colaboradores tragam todas as suas reclamações e levantem um muro de lamentações. Reconheço que reclamar é a arte de repetir o clamor, portanto precisamos entender como esse fenômeno ocorre, como podemos dialogar com as pessoas para que, ao contrário de expor reclamações, elas possam trazer suas queixas e criar um ambiente de busca por soluções, de realização de desejos.

Precisamos desenvolver melhor nossas habilidades de fazer perguntas. Costumo conversar com os gestores que recebem minhas mentorias e sempre me deparo com questionamentos como: "Você está insatisfeito com o quê? O que está ruim por aqui e o que podemos melhorar?". Essas perguntas estimulam as reclamações e o trabalho fora do campo prático da solução. Que tal perguntarmos sobre as **dificuldades que as pessoas enfrentam, seus desconfortos e como elas poderiam fazer para melhorar a maneira como realizam suas tarefas? O que falta no ambiente de trabalho que impede os profissionais de viverem e realizarem o seu melhor todos os dias?** Note que existe um potencial maior de respostas que aumentará o desempenho da equipe e, consequentemente, afetará a satisfação dela ao realizar o trabalho todos os dias.

Podem parecer simples e tolos os meus comentários, mas todos os dias deparo com pesquisas que confirmam que saber o que fazer não é suficiente para que tenhamos um excelente modelo de gestão de pessoas e liderança nas organizações, pois a maioria das pessoas não executa, procrastina, não se organiza para fazer acontecer.[12] Ouço discursos maravilhosos em entrevistas, em reuniões e em diversos momentos com líderes empresariais. No entanto, quando vou até a base das empresas, sempre descubro que aquele discurso lindo sequer chega até os colaboradores, pois, se os atingisse, com certeza provocaria alguma mudança. Transmitir o discurso para todas as pessoas envolvidas gera compromisso.

---

12 OPPONG, T. The inconveniente truths about getting work done. **CNBC**, 10 jul. 2017. Disponível em: https://www.cnbc.com/2017/07/10/the-inconvenient-truths-about-getting-work-done.html. Acesso em: 21 abr. 2022.

Devemos lembrar que o engajamento é escasso no mundo dos negócios. Encontramos pessoas que não acreditam que as empresas possam proporcionar ambientes saudáveis para elas. Portanto, primeiramente entender o que deve ser feito e a força das pequenas ações para mudar esse cenário é reconfortante para quem ainda tem um longo caminho a trilhar.

Em alguns momentos, quando tudo caminha sem alcançar resultados positivos, as pessoas se queixam, e precisamos dar respostas rápidas, inclusive porque, se a escuta não for ativa, podemos acabar traídos pelos próprios discursos e não perceber que, além de reclamações, as queixas também apresentam sugestões provenientes de antigos ambientes de trabalho, fazendo com que você corra o risco de ser a cópia malfeita.

As atividades de pesquisas em outras empresas, conhecidas no mercado como *benchmarking*, algumas vezes podem nos enganar e reforçar o princípio da conformidade social, quando adotamos algo que **todos fazem, mas não entendemos por que estamos fazendo**. Devemos reconhecer o que os outros realizam de maravilhoso como maneira de enriquecer nossos conhecimentos e ampliar a criatividade da organização. No entanto, devemos adotar as práticas adequando-as à nossa cultura e às expectativas para o momento em que vive a empresa.

Surpreenda as pessoas com ações motivadas pelo diálogo, pois essas ações promovem melhorias na empresa e ainda fazem com que essas pessoas se sintam motivadas.

Quero compartilhar com você uma prática que utilizei e que teve um resultado impressionante em diversos projetos que implantamos, ajudando a ampliar a confiança nas nossas ações e servindo para modelar as melhores práticas de acordo com a cultura das empresas em que estávamos atuando.

Seja surpreendente

Chamo esta atividade de surpreendente porque tem a capacidade de trazer formas de atuação que as pessoas ainda não imaginaram.

O exercício passa por quatro etapas: básico, esperado, desejado e surpreendente. Pode ser aplicado a qualquer projeto, no entanto, para facilitar o entendimento, vamos usar como exemplo uma análise para o lançamento de um novo posto de combustível. Neste momento, convido você para uma viagem para participar de uma sociedade em um novo negócio bastante conhecido e utilizado por muitas pessoas.

O que é básico para um posto de combustível? Provavelmente você vai sugerir que básico é o produto: álcool, gasolina e óleo diesel, além de uma bomba de combustível, um frentista (dado específico para o Brasil, devido à sua legislação), uma cobertura, os tanques e um terreno para instalação.

O que é esperado em um posto de combustível? Produtos e serviços de boa qualidade, preço justo, máquinas que aceitam cartão de crédito e débito, loja de conveniências, entre outros diversos elementos nos quais você pode ter pensado durante a sua reflexão.

O que é desejado em um posto de combustível? Preços competitivos com o mercado, qualidade no atendimento, calibrador de pneus, lava-jato, borracharia, barbearia e cabeleireiro, lavagem de vidros dos carros e programa de fidelidade.

Agora imagine um posto de combustível **surpreendente**... Precisa ser realmente surpreendente como nenhum visto até o momento. Consegue imaginar? Creio que sim. Vamos tentar construir isso juntos, e é possível que em breve não seja mais surpreendente, porque a sociedade evolui e vários postos reformularão seus conceitos e modelos para cumprir esse papel. Sendo assim, o surpreendente deverá se reinventar para evitar o efeito manada, porque todas as boas ideias e iniciativas são passíveis de serem copiadas e, no futuro, aquilo que era admirável será apenas o básico que todos fazem.

Imagine você estacionando o seu veículo para reabastecer e o atendente o chama pelo nome – porque, se é surpreendente, você o visitará com frequência. O frentista fará as perguntas de praxe sobre o tipo do combustível e a forma de pagamento e, ao final, você poderá deixar as chaves no contato, deslocar-se para uma sala climatizada com refrigerante, água, cerveja sem álcool, café, salgados e doces, podendo acompanhar o atendimento do seu veículo por um visor. O funcionário abastecerá seu veículo, verificará o nível do óleo e calibrará os pneus, passará com o veículo em rolos de lavagem a jato e fará uma secagem rápida por ventilação de ar quente, estacionará em frente ao local de espera e trará a máquina de cartão para o pagamento do serviço.

O que achou? Surpreendeu você? Se nunca se deparou com algum local assim, é provável que tenha sido surpreendido. Existe também uma grande chance de essa experiência ter um valor que podemos chamar de *premium*, ou seja, o preço poderá ser um pouco mais alto do que em outros locais e ainda assim diversas pessoas preferirão ser atendidas naquele estabelecimento. Se os clientes entenderem que o seu produto ou serviço vale como experiência, não haverá concorrente que se aproxime de você.

Surpreenda as pessoas com ações motivadas pelo diálogo, pois essas ações promovem melhorias na empresa e ainda fazem com que essas pessoas se sintam motivadas.

Agora pense nas queixas e pedidos de recursos que as pessoas fizeram a você e como surpreender cada uma delas. O que você pode fazer neste momento para tornar a experiência mágica para todos? Faça as perguntas para si e para sua equipe. O que é básico nessa atividade, recurso ou projeto? O que é esperado pelos clientes? O que é desejado? E como tornar a experiência, com os recursos que temos disponíveis, surpreendente?

O exercício é bastante simples e evita que façamos uma cópia de soluções que serviram para outros, mas que não necessariamente servirão para a nossa cultura e o nosso ambiente.

Ouvir com atenção e agir rápido fará uma grande diferença na percepção das pessoas e conquistará diversos seguidores para o processo de transformação, porque genuinamente demonstramos que acreditamos em cada cliente e colaborador. Os problemas deterioram a imagem do negócio, mas a velocidade com que encontramos soluções, combinada com a maneira como surpreendemos cada pessoa, gerará um grande impacto, e **não existe nenhum outro meio de fidelização melhor do que este jeito de fazer as coisas: ter foco no cliente**.

A principal pergunta que nós, gestores, podemos fazer para nós mesmos é sobre a infinidade de oportunidades que temos de modificar a nossa forma de entregar os produtos e processos para as pessoas, de maneira que elas sejam surpreendidas pelas ações.

Nos ambientes empresariais temos um enorme desafio: demonstrar que a maioria das soluções não requer nenhum ou quase nenhum investimento financeiro. Vamos lembrar novamente que a simplicidade não é fácil, e que em diversos momentos nos perdemos na busca por soluções complexas que não atendem às necessidades das pessoas, e que as adotamos porque "alguém disse que deveria ser assim" ou porque "em algum lugar é feito desse jeito".

Nossas formas de reconhecer, comunicar, celebrar, desenvolver e cuidar das relações com os colaboradores serão desafiadas. Parece simples, mas não é. Como padrão, as pessoas buscam mecanismos complexos, e pretendemos quebrar essas crenças que reforçam os padrões da conformidade social.

O grande desafio nos primeiros passos das transformações é conquistar a confiança dos primeiros seguidores e cuidar deles para que, ao replicar essa confiança, eles tenham nosso respaldo e a certeza de que o que dizem sobre nossas ações é genuíno, e que os outros devem confiar no futuro que estamos construindo. Seu primeiro seguidor determinará o tamanho da influência da sua liderança, depois os próximos seguidores, um a um. Mas isso só acontecerá se você seguir em frente, se for coerente e fiel à transformação e fortalecer a confiança de todos. Para tanto, não basta o discurso. Você precisa de ações sendo realizadas em paralelo com suas palavras: assim seguirá inspirando as pessoas.

O que você tem feito que surpreende as pessoas à sua volta?

Há algo para ser feito que despertará o sentimento de confiança dos colaboradores em sua missão?

Há algo simples para fazer agora que despertará o pensamento sobre o futuro melhor que quer construir?

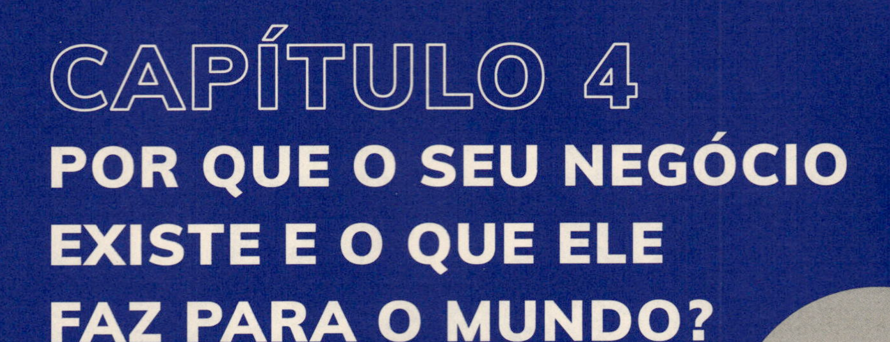

CAPÍTULO 4
POR QUE O SEU NEGÓCIO EXISTE E O QUE ELE FAZ PARA O MUNDO?

A razão por que fazemos o que fazemos todos os dias é a força que vem de dentro, reconhecida como a causa que defendemos

Algumas pessoas afirmam que propósito é a palavra da moda nos ambientes organizacionais. Sou sempre desafiado a explicar como o propósito pode ser definido e quais são os benefícios para os profissionais que atuam em uma organização com clareza em sua missão de servir à sociedade.

Na pesquisa sobre a evolução das empresas e na busca para compreender por que 50% das empresas da *Fortune* deixaram de existir, foi possível entender que temos cinco níveis de empresas no mundo.

Foco	Nível		
Foco nas novas gerações	**Disrupção estratégica** Gera valor para as futuras gerações	Valor	Legado e novos rumos
	Valorização estratégica Gera valor para o ecossistema com a conexão do negócio	Ações	Pessoas Planeta Valor
Foco no futuro	**Intenção estratégica** Inspira-se na força do propósito e no impacto em toda a sua cadeia	Expansão	Pessoas Planeta Resultado
	Inovação estratégica Antecipa as tendências do seu mercado e promove a mudança no *statu quo*	Performance	Qualidade Custo Preço
Foco no presente	**Planejamento estratégico** Reconhece seu mercado com produtos e serviços e compete	Resultado	Custo *versus* receita

Planejamento estratégico: Reconhece seu mercado com produtos e serviços e compete. Tem a base dos negócios sustentada pelo foco nos resultados e tem a equação-base do empreendimento na relação custo-receita. O discurso mais frequente nesse modelo de organização é "precisamos reduzir os custos para sustentar nossos resultados". O foco principal desse modelo de negócio é o que ocorre no presente.

Inovação estratégica: Antecipa as tendências do seu mercado e promove a mudança no *statu quo*. Tem sua base sustentada pela transição entre o foco nos resultados e o foco na performance, começando a surgir a relação qualidade, custo e benefício. Tem início uma linguagem voltada para o foco no cliente, no entanto ainda mantém a política que aponta o cliente como alvo em vez de solução. O discurso que prevalece nesse modelo de organização é competitivo e afirma que é preciso chegar antes da concorrência. No momento em que essa vantagem deixar de existir, terá início um declínio no crescimento desse negócio, porque outros copiaram seu modelo. Então, a empresa retorna ao ciclo da concorrência no estágio do planejamento estratégico.

Intenção estratégica: Inspira-se na força do propósito e no impacto em toda a sua cadeia. Tem sua base de sustentação fundamentada na razão de existir da empresa e no jeito dela de servir ao mundo e à sociedade. Preocupa-se com o sentido para que todas as pessoas em sua cadeia possam contribuir, reconhece o propósito individual e busca integrar os valores da organização e os valores das pessoas. O foco está direcionado ao futuro e reforça as contribuições de todos para impactar positivamente as pessoas, o planeta e os resultados, iniciando o desejo de promover uma proposta de valor para o mundo. O termo "para que" ganha espaço nesse modelo de organização e as pessoas começam a ser compreendidas como centro dos negócios, promovendo a ideia de que "o negócio dos negócios são as pessoas". O resultado considera nível de engajamento e índices de felicidade no trabalho.

Valorização estratégica: Gera valor para o ecossistema com a conexão do empreendimento. Todo o negócio é desenhado para servir ao mundo de alguma maneira clara e específica, e busca o reconhecimento como plataforma consciente e que resolve claramente uma necessidade da sociedade. Tem impacto no agora, que afetará as novas gerações, e a proposta de valor é bastante clara para toda a sociedade. Suas ações produzem impacto nas pessoas e no planeta, e geram valor evidente para o todo. Tem sua atividade voltada para resolver uma necessidade global, no entanto não opera como uma ONG, pois tem fins econômicos claros e seu modelo de servir impulsiona o resultado, que pode ser reinvestido ou distribuído para os acionistas. Ao operar, gera soluções dentro do modelo de negócio, distribuindo recursos financeiros para toda a cadeia, pois o impacto social está integrado ao modelo de trabalho. Portanto, é comum estar correlacionado com práticas que promovem a igualdade, combatem a pobreza, a fome ou outras necessidades específicas, incluindo o compromisso com os objetivos de desenvolvimento sustentável da ONU. Geralmente a comunicação é construída a partir da pergunta: **Qual necessidade o mundo tem que o meu negócio poderá resolver enquanto se mantém próspero?**

Disrupção estratégica: Gera valor para as futuras gerações. Rompe com os paradigmas defendidos por décadas e estabelece novas formas de a humanidade superar os desafios. Antecipa as tendências e, após seu surgimento, promove novos padrões de comportamento ou necessidades, estabelecendo rupturas nos hábitos e costumes. Exerce um nível de inovação que não está relacionado apenas com os produtos e serviços, mas que se firma nos modelos sociais, quebrando todos os preconceitos de uma sociedade e fixando uma nova normatização a partir de sua existência. O modelo de negócio gera absoluto valor para o mundo e tem a base de inspiração na formação de um legado e no estabelecimento de novos rumos para a humanidade. Ele busca refletir sobre **qual é o mundo que queremos deixar para as futuras gerações e como ajudar as pessoas a realizar essa transformação**.

Entender o nível das empresas foi fundamental para reconhecer que as organizações que estão desaparecendo da nossa sociedade hoje são as mesmas que tiveram sucesso durante muito tempo no passado, exercendo o foco no presente e gerenciando com muito empenho a equação custo e receita. Assim como ambientes de inovação tiveram bastante êxito em suas estratégias, mas muitos outros não conseguiram sobreviver aos desafios do mercado. Os trabalhadores, apesar de satisfeitos com o desempenho financeiro e com as práticas de remuneração e compartilhamento dos resultados, sentiam-se economicamente explorados e estabeleciam uma relação em que o interesse era apenas econômico – e frente a qualquer proposta que superasse esse formato de vínculo, sua fidelidade era deixada de lado em prol de um número maior.

O respeito aos seres humanos era limitado ao modo como cada um reconhecia as bases do relacionamento, deixando de lado o afeto, já que as empresas só admitiam contribuições racionais. As mesmas pessoas buscavam validar o equilíbrio dessa racionalidade com reciprocidade.

Vivemos em um mundo no qual as pessoas têm a sensação de que tudo ao redor é definitivo; elas enchem o peito para dizer que são inteligentes e propagam discursos como se entendessem tudo sobre a humanidade e a sociedade.

A melhor coisa que acontece com o nosso ecossistema social é que tudo o que criamos está fadado à falência e à morte em seu contexto histórico, pois o que temos hoje como valioso e fundamental para a sociedade deixará de existir. As novas gerações transformarão tudo em um contexto melhor, questionarão tudo o que fizemos para o mundo e a maneira como conduzimos as ações em nosso tempo.

Assim, produtos como máquinas de escrever, disquetes, DVDs e diversas soluções para a sociedade têm seus ciclos de vida e, se os fabricantes não acompanharem as necessidades de adaptação e evolução, serão esquecidos pelo mundo – como esses exemplos anteriores. E o modo de trabalho e de condução de negócio também passa pelo mesmo processo.

Sei que é bastante difícil acreditar que tudo ao nosso redor – sejam objetos, tecnologias ou processos – deixará de existir, pois uma projeção para o futuro fará com que seja facilmente questionado. Portanto, pretendo levar você para uma reflexão no passado, a fim de demonstrar que modelos de negócio muito bem estruturados, que serviram em dado momento da história, desapareceram.

É possível imaginar que uma empresa com atuação internacional, cujo ciclo de negócio compreendia diversos países, com uma estratégia bem definida de captação de insumos, um excelente processo logístico que integrava países diferentes, com uma elevada demanda de consumo e um modelo perfeito de seleção do produto, de acordo com as necessidades específicas do cliente, possa desaparecer?

Pense, então, em uma empresa com esse perfil e cujos produtos eram seres humanos. Isso mesmo, seres humanos. O processo mercantilista vendeu de tudo na história, inclusive seres humanos. Ao refletirmos sobre esse modelo de negócio hoje, sentimos um profundo desprezo. Mas sabemos que realmente seres humanos foram capturados, transportados, comercializados e, em diversos casos, rejeitados como refugo. A sociedade aceitava a exploração e desumanização dessas pessoas e, inclusive, havia leis estabelecidas para regulamentar a atividade.

Felizmente, a sociedade evoluiu, e suas maneiras de fazer negócio e de conduzir as relações de trabalho também. Claro que este não foi um processo simples. Como qualquer evolução ou mudança, houve resistência, e ainda deixou como herança problemas sociais que seguimos enfrentando até hoje.

Não apenas modelos de negócio, mas também métodos específicos utilizados em algumas profissões já foram comprovados e depois depostos. As profissões – todas elas – também evoluíram e reformularam seus procedimentos no decorrer da história, mesmo que, a cada nova descoberta, tenham levado a sociedade a acreditar e reconhecer esses métodos como "transformadores" e finais, como se novas descobertas não pudessem se sobrepor a elas.

Reflita, por exemplo, sobre descobertas científicas na área de estudos de transtornos mentais, em que técnicas como a lobotomia foram defendidas em grandes congressos ao redor do mundo, desumanizando pacientes que até hoje também sofrem as consequências e preconceitos herdados de crenças antigas. Toda uma comunidade sustentava cada detalhe desse método como se houvéssemos chegado ao fim de uma jornada de pesquisas. Ainda bem que, novamente, evoluímos e humanizamos esses tratamentos, pondo fim às experimentações.

O mesmo ocorreu com diversas empresas, modelos de negócio e profissões que foram reinventados ou simplesmente morreram porque as evoluções nos permitiram aumento de consciência sobre diversas áreas, desenvolvimento de tecnologia, e talvez possamos dizer que, com todo o acesso à informação que temos atualmente, também o aumento da empatia.

Portanto, podemos observar que nada é estático, estamos em constante evolução, criando ferramentas e modelos para um novo jeito de fazer gestão, que atenderá a uma sociedade renovada que traz com ela uma geração com outras necessidades, as quais estabelecem novos parâmetros para o mundo que estamos construindo dia após dia, e que ainda serão depostas também, substituídas por outras melhores no futuro.

A partir disso, e com o que já evoluímos até aqui, quais são os compromissos para repensar nossos modelos de negócio?

- **Viver o sentimento de pertencer a uma causa maior;**
- **Exercer seu potencial criativo e inovador para viver o protagonismo;**
- **Ser ouvido e compartilhar o melhor de sua essência;**
- **Ser desafiado com perguntas que o façam ampliar a consciência;**
- **Trabalhar como um modo de expressar seu talento e exercer sua vocação para conduzir uma missão;**
- **Entender que tudo está conectado e que os efeitos são sempre sistêmicos.**

Todo esse discurso sobre o nosso cenário histórico e os modelos de negócio que estão em vigor no mundo retrata que as estratégias são insuficientes para garantir a sobrevivência das organizações no futuro, e que a reinvenção e vários princípios – entre eles, o budista, de evoluir e servir – estão reformulando a condução das nossas empresas. Novas perguntas foram colocadas para quebrar os paradigmas e trazer inspiração. Devemos fazer os ajustes necessários em nossas práticas para acolher e acelerar a adaptação, servindo às novas gerações que liderarão os empreendimentos. O equilíbrio tornará o trabalho parte da vida das pessoas, e não mais um caminho em busca da sobrevivência.

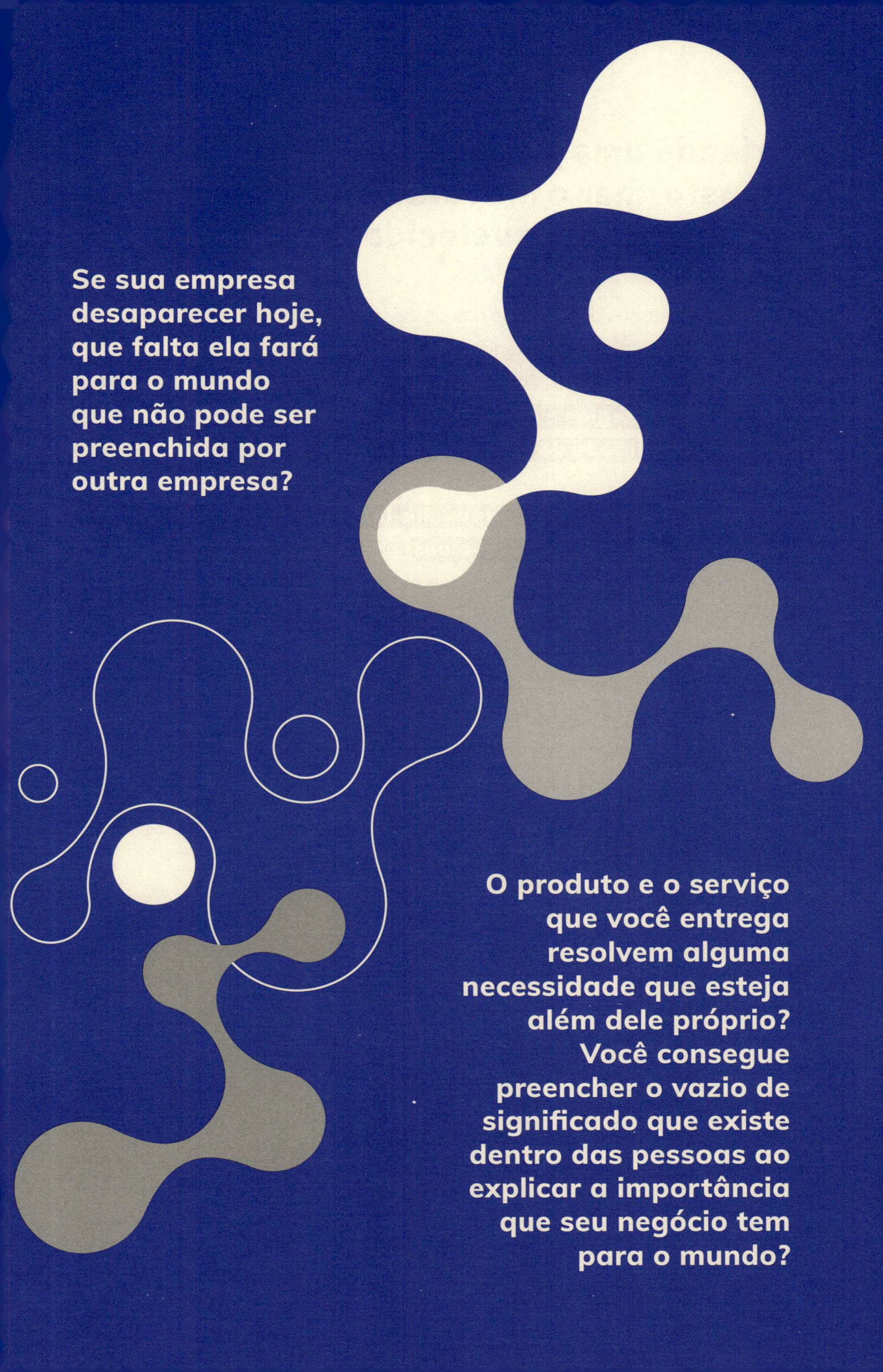
Se sua empresa
desaparecer hoje,
que falta ela fará
para o mundo
que não pode ser
preenchida por
outra empresa?
O produto e o serviço
que você entrega
resolvem alguma
necessidade que esteja
além dele próprio?
Você consegue
preencher o vazio de
significado que existe
dentro das pessoas ao
explicar a importância
que seu negócio tem
para o mundo?

Criando uma jornada para transformar o universo e respeitar nossa velocidade

Respeitar os passos de evolução das pessoas e da cultura é fundamental para manter a credibilidade e os avanços na estratégia de transformação.

Saber aonde queremos chegar é imprescindível, mas **o grande vilão de todas as estratégias é a ansiedade para chegar até onde desejamos e a dificuldade de lidar com angústias que nos fazem pular etapas**.

O método **Os 6Es do dia após dia (escutar, entender, executar, estandardizar, energizar e evoluir)** fará a grande diferença para a condução da estratégia de transformação e o ajudará a reconhecer os avanços de cada etapa do planejamento.

Quando olhamos apenas para o objetivo de longo prazo e entendemos aonde queremos chegar, corremos o risco de perder energia considerando a longa distância; inclusive, os grandes desafios tiram de nós a confiança de que será possível cumpri-los, e temos maior dificuldade em manter as pessoas energizadas para uma grande jornada.

Podemos concentrar nossa atenção da seguinte forma: estabelecemos nosso propósito, definimos a grande meta e realizamos as pequenas metas, concentrando a aplicação dos 6Es do dia após dia em cada etapa.

Escutar

Conforme já comentado, criar momentos de valorização do diálogo reforça o primeiro eixo de execução das ações de curto prazo, porque ESCUTAR é um fator-chave para trazer as principais contribuições das pessoas.

Um aviso importante aos navegantes é a necessidade de evitar fazer tudo por obrigação ou sem razão, evitar padronizar ou normatizar aquilo que deve fluir naturalmente, porque queremos criar bons hábitos e ampliar nosso poder de diálogo. O método 6Es também é útil para a mudança de pequenos hábitos, ou seja, execute cada etapa aperfeiçoando o que faz hoje e melhore após entender que cada ciclo foi realizado.

Existem pessoas que são influenciadas pelo *benchmarking* e, para promover mudanças de comportamento e gerar compromissos, padronizam agendas e estabelecem dias e horários para efetivar o diálogo com alguém. Isso é mais um reforço de conformidade social e logo representará uma prática que estimula chacotas e apelidos, porque todos saberão que aquele é o dia agendado para "a conversa com os gestores". Além de gerar constrangimento, dará a certeza de que não é uma conversa natural. Cuidado ao começar a ouvir as pessoas, porque se isso não for natural e, mesmo assim, você tentar estabelecer esses momentos à força, correrá o risco de ser a piada nos corredores e cafés.

Segundo uma pesquisa feita pela empresa de liderança americana Zenger Folkman,[13] as principais características de ouvintes notáveis são: concentrar-se no outro, participar do diálogo dando sugestões, saber receber críticas, proporcionar um ambiente seguro e ser empático. Como pode perceber, ouvir indivíduos é desafiador, no entanto a consciência de novos hábitos e o compromisso com os demais o ajudarão a evitar que perca a grande chance de aprender com profissionais sobre o que eles pensam acerca de diversos aspectos. Adicionalmente, **todo encontro é uma oportunidade de aprender com outros pontos de vista, experiências e contribuições, que poderão nos ajudar a rever nossas crenças e a estabelecer novos padrões de comportamento e pensamentos**.

Diálogos individuais: Promova interações individuais com as pessoas em momentos não planejados, reconhecendo a ocasião como uma oportunidade de aprendizagem para si mesmo. Será enriquecedor e fortalecerá seus vínculos.

Diálogos coletivos: Estabeleça momentos de diálogo com os grupos fora dos horários formais (como reuniões), promovendo interações isentas de padrões e utilizando essa vivência como oportunidade para aprender com o

13 A IMPORTÂNCIA de saber ouvir no ambiente de trabalho. **JJ Brasil**. Disponível em: https://www.jjabrasil.com.br/a-importancia-de-saber-ouvir-em-seu-ambiente-de-trabalho-2/. Acesso em: 21 abr. 2022.

conhecimento coletivo. Reconheça o momento que o grupo está vivendo e encontre meios de melhorar os recursos e os processos para que os membros possam executar o que fazem de maneira livre e com maior eficácia.

Entender

Parece simples, mas não é. Nossos padrões cognitivos nos levam a reconhecer rapidamente o discurso do outro, compará-lo com os padrões que já temos com base em nosso histórico de vida e experiência, e fazer uma correlação imediata, acionando um mecanismo de resposta como se já soubéssemos tudo o que o outro quer dizer. Esse é o mecanismo da inferência.

De fato, tudo que o outro diz buscamos traduzir para o que já sabemos, achando que temos todas as respostas. Nosso grande desafio quando queremos causar o melhor impacto na vida das pessoas é saber abrir mão de nossos paradigmas e mergulhar na necessidade do outro.

Para melhor entendimento, é fundamental termos perguntas em vez de respostas. **A qualidade das perguntas ampliará nosso conhecimento, iluminará a consciência do outro sobre tudo o que ele está pensando, sentindo e agindo, trazendo uma nova perspectiva de entendimento.**

É provável que você tenha a resposta, mas não abra mão de ouvir o outro. Deixe-o evoluir com tudo o que está trazendo; deixe-o participar da construção da solução e estabelecer o compromisso com aquilo em que ele acredita.

O entendimento é a arte de trazer para dentro de si a tendência projetada pelo outro a partir da experiência de vida dele, e ao assumir o compromisso com ele, damos também a liberdade para ele se comprometer com a solução e viver o melhor de si nessa jornada conjunta.

Executar

Identificamos o que podemos melhorar, agora precisamos organizar tudo para a execução do que é possível com os recursos de que dispomos e, assim, teremos a primeira colheita da mudança. Todos os autores do mundo reconhecem a importância de definirmos o que, por que, quem, onde, quando, como e quanto para que uma excelente ação seja implementada – método hoje conhecido como 5W2H, em referência aos termos em inglês *what*, *why*, *who*, *where*, *when*, *how* e *how much*.[14] Se estamos buscando mudar o padrão, a execução é fundamental para ter um novo resultado sobre tudo o que vivemos e fazemos.

A etapa de entendimento ampliou nosso compromisso pelo nível de aprofundamento e empatia com o que estamos fazendo e também trouxe outras pessoas conosco na jornada. Depois dela, é o momento de gerenciar a execução, porque já temos todos os motivos para o fazer.

Em uma cultura com baixo nível de confiabilidade na execução, precisamos definir as etapas de monitoramento e sempre pedir às pessoas envolvidas na ação que a gerenciem e monitorem. Assim, juntos, poderemos acompanhar o resultado.

Estandardizar

Para que as pessoas reconheçam o novo padrão, precisamos ter conformidade a fim de que o entendimento seja claro e não existam dúvidas.

A palavra “padronização” faz todo o sentido no processo de educação para consolidar novos hábitos, proporcionar clareza às mudanças que fizermos e ter um excelente parâmetro para definir o nível de sucesso durante os próximos passos.

Conte com as pessoas para definir a nova forma e firmar a base para que outros possam iniciar seus projetos e passos a partir do novo padrão estabelecido.

Compartilhar com o máximo de pessoas ajuda na normatização da nova prática, porém há mais um fator importante que não pode ser desconsiderado: outras pessoas também se envolvem na mudança e reconhecem as transformações a partir dos passos dados a cada dia e em cada momento. Aos poucos, expandimos a energia por meio da execução para atrair mais seguidores comprometidos com a transformação do ambiente.

14 5W2H: o que é, como funciona e por que você deveria usar? **Fundação Instituto de Administração**, 11 fev. 2020. Disponível em: https://fia.com.br/blog/5w2h/. Acesso em: 21 abr. 2022.

O método 6Es também é útil para a mudança de pequenos hábitos, ou seja, execute cada etapa aperfeiçoando o que faz hoje e melhore após entender que cada ciclo foi realizado.

Energizar

Melhor do que ter práticas novas e mais adequadas às expectativas e necessidades das pessoas é reconhecer o movimento energético que as mudanças positivas geram e ampliar os benefícios para todos que estão sendo impactados por elas. A curva da mudança, desenvolvida por Elisabeth Kübler-Ross com o objetivo de ajudar as pessoas a lidarem com perdas e traumas, é também muito utilizada no mundo corporativo justamente por ser um movimento cíclico que altera a confiança e o nível de energia humana.[15] Devemos observar melhor o comportamento das pessoas ao passarem por mudanças significativas para romper os ciclos da negatividade o mais rápido possível.

Comunicar positivamente os benefícios que trazemos com as novas práticas e fortalecer as pessoas para que elas entendam o impacto dessas mudanças na própria vida e no trabalho reforça o papel comunicador do líder e demonstra sua força inspiradora na transformação do clima organizacional e da cultura de engajamento.

Reconhecer e agradecer a cada indivíduo publicamente por suas contribuições é a melhor maneira de cuidar dos seguidores do líder, do mais antigo ao mais recente. Lembrando que **o sucesso do líder não é definido unicamente por suas ações, a maneira como seus seguidores ou liderados propagam a energia para outros definirá a velocidade de ampliação do estado de consciência de mais pessoas e, assim, proporcionará agilidade para a transformação**.

Evoluir

O mundo está em contínua evolução, e nossa agilidade em melhorar o novo também definirá nossa velocidade para a transformação da cultura de engajamento.

Após celebrar e estabelecer o novo padrão, as experiências que proporcionamos às pessoas mudarão seu estágio para esperado ou desejado no ciclo

15 PAULA, R. Curva de mudança de Kübler-Ross: conheça a 1ª teoria de Gestão da Mudança. **VBMC Consultores**, 14 jan. 2022. Disponível em: https://vbmc.com.br/curva-de-mudanca/. Acesso em: 21 abr. 2022.

do encantamento rumo ao "surpreendente". Portanto, depois de tudo isso é necessário olhar para as práticas novamente e pensar em romper com tudo o que construímos para buscar um novo padrão.

O processo da evolução requer desapego a tudo o que criamos e entregamos para o mundo, dando a oportunidade de encontrar novas soluções a partir do retorno à base do novo modelo de transformação, ouvindo atentamente as pessoas e buscando reconhecer os novos passos a seguir. A evolução da própria escuta e do entendimento precisa acontecer, porque tanto o nível de aprofundamento quanto a postura de mente aberta devem prevalecer para não vivermos o momento definido como "já fui até onde dava". Haverá sempre ocasião para novas conquistas e para encantar as pessoas.

Tudo começa com ações sistêmicas e mesmo uma decisão de pouco impacto atingirá muitos profissionais quando o *nível de engajamento* é muito baixo. Quando nada é feito, o pouco tem grande valor.

À medida que evoluímos e notamos que cada detalhe faz a diferença, percebemos que a influência desses gestos demonstra, por meio de ações, que o pouco vale muito, reafirmando que **a simplicidade não é fácil**. Na verdade, serão detalhes que marcam a vida das pessoas e geram enorme impacto.

E a somatória das ações de cada dia define a fundamentação e os alicerces de toda a transformação. **Escutar, entender, executar, estandardizar, energizar e evoluir** viabilizam os movimentos de que precisamos. Portanto, o tempo acumulará muitas pequenas ações e a sua perfeita execução proporcionará chegar ao grande objetivo.

Divulgar cada passo em cada um dos "Es" ajuda a fortalecer a confiança e a reduzir a ansiedade, porém seu perfeito monitoramento é necessário, pois a ausência de um desses passos pode comprometer a capacidade de evolução e colocar todas as ações em questionamento, deteriorando a confiança.

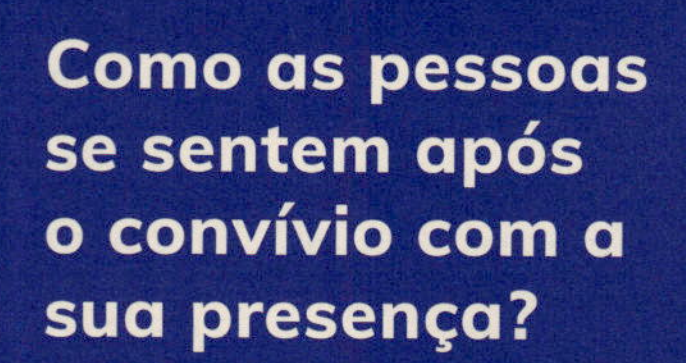

Como as pessoas se sentem após o convívio com a sua presença?

Como você desperta no outro o sentimento de ser genuinamente ouvido?

Como você ajuda as pessoas a entenderem o quanto você se importa com elas?

Como você inspira as pessoas a serem melhores após um encontro?

CAPÍTULO 5
O PORQUÊ NA PRÁTICA

Desvendando os caminhos para encontrar o propósito

Provavelmente você me diria que, atento ao que todos estão falando atualmente, já sabia da importância de trabalhar por uma causa. Entretanto, apesar de, na teoria, ser um conceito de simples entendimento, muitas empresas têm dificuldade de definir, na prática, qual é o seu propósito. Por isso, vou ajudá-lo a destacar sua força e apontar alguns passos para saber como reconhecer o propósito de uma organização.

É fato que, em tempos de mudança nos ambientes de negócio, ainda existem muitos empreendimentos tratando o propósito como a essência de uma frase que apoiará o reposicionamento de marketing. Isso pode funcionar num primeiro momento, mas devo lembrar que é possível enganar o mercado por algum tempo, mas ninguém consegue enganar a si mesmo por longos períodos. E se para você mesmo o propósito não faz sentido, acredite, em um curto intervalo de tempo ficará clara para as pessoas a ausência de naturalidade.

Percebo que há uma infinidade de organizações que buscam definir um propósito para levar vantagem, para colher os frutos proporcionados por esse desígnio e sustentar o próprio modelo; que ainda mantêm sua essência voltada apenas para a lucratividade e utilizam sua mensagem para iludir a sociedade e o consumidor.

É importante destacar que, nessa jornada de evolução nos modelos de negócio, temos não só uma nova geração de organizações, como também organizações que decidiram reposicionar sua razão de existir, tornando o propósito a sua expressão e causa para viver. Assim, elas passam a servir à sociedade de maneira mais plena e intensa, já que têm uma causa nobre em favor de todos, tornando seu serviço um ciclo de prosperidade e transformação.

O propósito não é uma meta. Existem muitas pessoas que confundem "viver para um propósito ou uma causa" e "ter um propósito ou uma causa para viver dela" – fui inspirado pelo livro *Vidas vazias*, de Divaldo Franco, que fala sobre a importância de termos uma causa.[16] O propósito está ligado ao princípio e à transformação que você proporcionará ao mundo com o seu negócio.

Nossa organização viverá intensamente a força de seu propósito quando encontrar o equilíbrio entre a razão para que serve ao mundo, a maneira como inspira as pessoas a viverem o seu melhor todos os dias e a desejarem fazer parte daquela organização, e, por fim, a promoção de um ciclo de evolução contínuo, para que sintam o prazer de realizar algo admirável e com elevada excelência diariamente. É como se as pessoas recebessem um chamado para fazer parte de uma causa e se encontrassem com líderes inspiradores que promoverão seu desenvolvimento, a fim de que elas sempre tenham a certeza de que crescerão em todas as áreas da vida: intelectual, física, social, psíquica e espiritual.

16 FRANCO, D. **Vidas vazias**. São Paulo: Boa Nova, 2020.

Poucas empresas reconhecem claramente sua missão e os benefícios que geram para o mundo. Para refletir se temos respostas claras para essa questão, devemos conseguir responder por meio dos **4 Is da coerência organizacional para o mundo.**

O primeiro "I" exige compromisso com a **intenção**. Precisamos responder "para que existimos?" e "o que defendemos?".

O segundo "I" traz a necessidade do compromisso sobre como **inspiramos** as pessoas ao nosso redor. Precisamos ter competência para responder sobre "qual valor representamos para o mundo?", "o que oferecemos às pessoas?" e "como influenciamos a vida delas?".

Reconhecer a **identidade** é fundamental para definir quem somos e quem atraímos, para nos representar diante do mundo. Deparamo-nos com o "I" que responde "quem somos?" e, portanto, devemos assumir "quem irá se conectar conosco?", "quais os nossos valores?" e "o que pensa, sente e necessita o nosso público?".

Para concluir, o "I" que define nossa **imagem** para o mundo também merece destaque. É preciso ter respostas claras para questões como "quem sou para todas as pessoas e para o meu mercado?", "o que expressam aqueles que estão conectados comigo?" e "quais são os atributos que nos definem?". Se essas perguntas forem respondidas com facilidade, certamente dialogaremos com uma organização muito evoluída e com uma conexão clara com o futuro das novas gerações.

No entanto, se as respostas ainda estão escondidas atrás de um emaranhado de dúvidas, um dos grandiosos atributos que devemos ter é a capacidade de fazer boas perguntas, para promover reflexões e tirar essas organizações da zona de conforto, a fim de gerar movimentos de prosperidade e conexão com as necessidades de uma nova sociedade. Precisamos mudar o discurso que propaga por todos os cantos que o negócio existe para ganhar dinheiro. Não estou dizendo que o dinheiro não é importante. Sim, ele é fundamental para impulsionar ciclos de prosperidade e é o principal indicador de que os negócios são saudáveis e de que o modelo pode gerar elevada rentabilidade. Não estou abrindo mão do lucro e criticando o capitalismo, apenas acredito que todo processo evolutivo deve considerar todas as áreas de contribuição para garantir a sustentabilidade do negócio, fortalecendo todos os elos da corrente, crescendo com alicerces sólidos e de maneira consciente.

De acordo com o índice de desempenho das empresas certificadas pela Great Place to Work (GPTW), os novos modelos de negócio que consideram a consciência da gestão para que todo o ecossistema colha os benefícios do empreendimento têm rentabilidade três vezes superior à de empresas que são acompanhadas pelo S&P (mercado de ações norte-americano), e as empresas apontadas como melhores ambientes para trabalhar têm crescimento médio duas vezes maior do que as empresas da Bolsa de Valores de São Paulo.[17]

Mas, então, como definir o propósito da nossa organização? Como compreender a essência do negócio e como propagar a intenção?

Alguns gestores entram em pânico quando o tema é a definição do propósito, como se tivéssemos de partir em busca de algo desconhecido, quando de fato o propósito já está na organização e o único desafio é torná-lo claro.

O primeiro passo é **reconhecer as ações que nos definem**. Saber o que fazemos hoje e como materializamos tudo o que produzimos é uma boa maneira de começar a entender quem somos.

Precisamos aproveitar o momento para reconhecer também quem beneficiamos e como chegamos até eles para prover o melhor de nós. O que entregamos para o mundo, além de nossos produtos e serviços, e quais são as pessoas que recebem essa essência todos os dias.

A melhor pergunta que costumo fazer para as equipes é: "Quais são as dores do mundo que ajudamos a resolver e como realizamos isso de modo tão intuitivo que nós mesmos temos dificuldade de perceber?".

Ter clareza dos problemas do mundo e de como podemos solucioná-los expande a visão sobre os benefícios que geramos. Uma indústria de reforço sintético para borrachas, por exemplo, precisa perceber que leva segurança para o mundo por meio da qualidade de seus produtos e serviços. No entanto, se investigarmos um pouco mais, descobriremos que não é possível produzir os melhores reforços de borrachas sem dedicar uma atenção especial para reforçar as pessoas. Por isso, a empresa deverá proporcionar o desenvolvimento dos seres humanos todos os dias para torná-los mais capacitados e aptos para servir melhor com o fruto de seu trabalho, desenhar produtos e serviços maravilhosos para transformá-los em um

17 JORNADA GPTW: transforme as práticas culturais da sua empresa. **GPTW**, 11 dez. 2020. Disponível em: https://gptw.com.br/conteudo/artigos/jornada-gptw/. Acesso em: 21 abr. 2022.

negócio incrível que atrai pessoas, desenvolve cada uma delas pelas experiências que compartilham juntas e reforça a sociedade, construindo um mundo melhor.

O motorista de ônibus, na visão de muitas pessoas, dirige um veículo. Facilmente poderíamos dizer que o objetivo de uma empresa de ônibus é transportar pessoas. No entanto, podemos reconhecer que eles fazem muito mais do que isso. O propósito promove encontros entre seres humanos, conectando-os com a possibilidade de realizar sonhos, de diminuir as distâncias.

Vivemos para gerar soluções para a sociedade, e integrar pessoas com essas soluções faz com que ocorra um alinhamento de anseios e desejos, inspirando uma jornada coletiva, em que todos buscam algo maior sempre.

Nossa intenção propaga a nossa energia vital e gera motivação para a ação. Quanto maior o sentido, maior a capacidade de conexão com o que fazemos, e também maior a ampliação do potencial de reconhecimento e admiração da nossa obra diária. **Todas as pessoas deixam seu lar diariamente com o sonho de viver experiências com sentido e que proporcionem evolução, para que desempenhem o melhor de si.**

O nosso benefício para a sociedade é uma fonte de energia maravilhosa, e acredito que isso traduza o motivo pelo qual tantas pessoas se conectam com trabalhos voluntários e dedicam o melhor de seus talentos sem esperar nada em troca, apenas a sensação de estar cumprindo sua missão. Reconhecer como e quem estamos beneficiando é fonte de inspiração para continuarmos a jornada.

O nosso senso de realização se efetiva quando reconhecemos que somos únicos, realizando algo extraordinário e que faz o bem para os nossos semelhantes. A individualidade na realização do trabalho nas organizações é fundamental para sentirmos nossa presença naquilo que construímos. Podemos executar uma operação similar à de outra pessoa, mas, se reconhecermos que conectar-se com o outro proporcionará a ele uma oportunidade de desenvolvimento, nosso sentimento de realização e autovalorização será ampliado. Por isso é realmente maravilhoso quando reconhecemos nossa individualidade e a importância que temos como um ser único.

A Kordsa, empresa líder no índice de felicidade no trabalho (IFT) em 2019 pela revista *Você S/A*,[18] tem claro em seu negócio que naquele ambiente as pes-

---

18 PATI, C. Conheça as 150 melhores empresas para trabalhar de 2019. **Você RH**, 14 jan. 2021. Disponível em: https://vocerh.abril.com.br/melhores-empresas/conheca-as-150-melhores-empresas-para-trabalhar-em-2019/. Acesso em: 21 abr. 2022.

soas se reúnem todos os dias e buscam proporcionar experiências inesquecíveis para todos que ali convivem, para além do trabalho, dos produtos e dos serviços. Reconhecer a mensagem que representamos para o mundo é fator primordial na clarificação do nosso propósito, da nossa intenção genuína, da nossa missão.

Não estamos falando sobre cumprir uma meta, ganhar mais dinheiro ou obter mais bens materiais, mas sobre o senso de realização por meio do hábito de servir, trazendo sentido e significado para a vida, e que também se equilibra e sustenta na força de proporcionar prosperidade.

A meu ver, a ideia que traduz a melhor maneira de encontrar o propósito é o conceito do Ikigai, que aprendi com os habitantes da província de Okinawa, no Japão, e que tem se propagado pelo mundo.

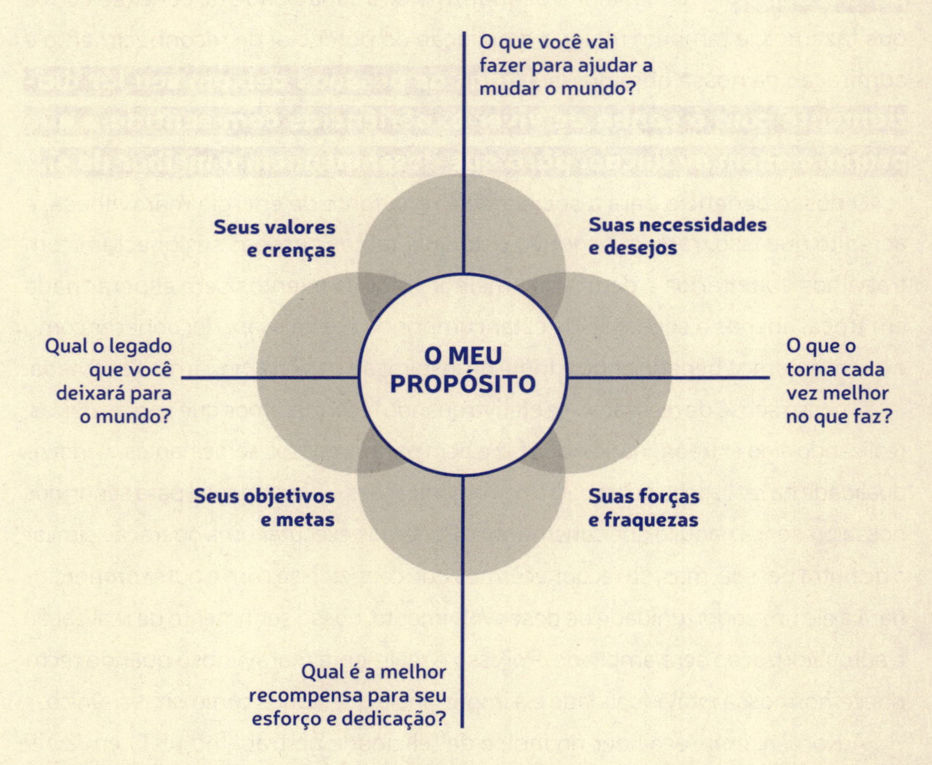

Saber o que fazemos todos os dias para ajudar a mudar o mundo promove uma transformação organizacional muito grande. Sempre devemos repetir o jargão de que "o negócio dos negócios são as pessoas". Tudo o que geramos neste mundo deve servir para a humanidade e para o planeta.

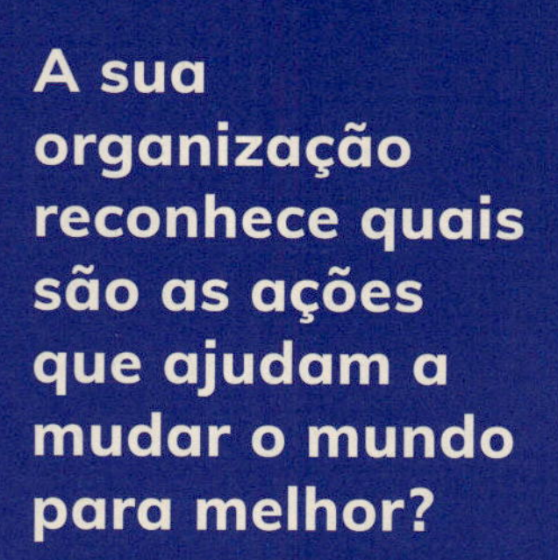

A sua organização reconhece quais são as ações que ajudam a mudar o mundo para melhor?

Como mudamos a vida das pessoas?

Reconhecemos alguma convergência entre o que fazemos e as necessidades do planeta?

Nosso modelo operacional beneficia algum dos objetivos sustentáveis da ONU?

CAPÍTULO 6
AFINAL, O QUE É CULTURA?

Definindo a cultura organizacional e seus elementos-chave para o sucesso

As pessoas tratam a cultura como se fosse algo que nasce de repente. Elas não consideram que, na verdade, é um termo extraído da biologia e que representa o modo como as células se comportam em um ambiente comum. Eu poderia trazer todos os detalhes dessa definição para ser fiel à origem do conceito, no entanto,nossa busca pelo entendimento da cultura de engajamento corporativa pede que deixemos de lado a biologia e sua ampla profundidade e partamos para a análise das células organizacionais.

O primeiro elemento que devemos considerar antes de falar sobre o que compõe a sinergia dos fatores que reforçam a cultura organizacional é o ambiente. Em uma organização, é a combinação do comportamento das pessoas que, ao atuarem juntas e demonstrarem certa coerência e consistência, dá início à formação do clima organizacional, e este, repetindo, reforça a cultura organizacional. Portanto, podemos ter ambientes com características diferentes, justamente por serem formados de pessoas.

No caso de uma organização, temos os direcionadores, que, quando estão claros para todos, influenciam as tendências e a cultura organizacional. São eles: **o propósito, a visão e as pessoas**.

Propósito

O fator primordial para impulsionar o direcionamento é o **propósito**, conforme tratamos no capítulo anterior. É fundamental saber **para que nossa organização existe e qual diferença ela faz para o mundo**. Reconhecer o propósito nos conecta com a nossa causa. Identificar a nossa razão de existir é o ponto de partida e define o que nos move todos os dias. Mas precisamos também reconhecer aonde queremos chegar.

Visão de futuro

A visão organizacional tem o objetivo de definir esse destino, pois cumpre o papel de clarear quem desejamos ser quando adquirirmos todos os atributos que buscamos para reforçar a nossa causa no mundo. Nesse momento começamos a reconhecer a nossa expressão e as qualidades que desejamos ter. Abrimos a mente para identificar qual será a bússola que definirá as características, virtudes e competências de que precisamos para nos tornar a organização que queremos ser para a sociedade.

A estratégia começa a fazer sentido: já reconhecemos para que estamos operando neste mundo e quais são as nossas metas para alcançar os objetivos. Em seguida, é o momento de definir os passos para essa transformação.

Pessoas

Se a cultura se refere à maneira como se comportam todas as células de um organismo, e estamos falando sobre as transformações que faremos em nossa organização, chegou o momento de reconhecer quem são as células que fazem parte dela: as pessoas, quais os seus talentos e o que vamos reforçar para fortalecer a nossa competência e transformar a estrutura que temos hoje na organização que desejamos construir.

A sinergia entre os comportamentos, impulsionados por valores, crenças e emoções, promoverá as mudanças e o alinhamento que pretendemos e definirá,

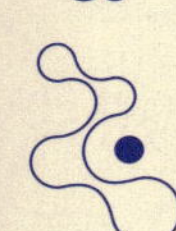

com base em nossas atitudes, o que representamos, quem somos e quais as ações em favor da nossa causa.

É o momento de reconhecer quem está conectado conosco, quais suas fortalezas, como essas qualidades contribuem para o fortalecimento do propósito e como vamos nos comunicar para promover a transparência em tudo o que fizermos.

Cada ambiente e modelo organizacional tem diferentes competências e valores que movem as pessoas todos os dias. No entanto, existem fatores humanos que, quando não estão presentes, geram maior grau de dificuldade para seguir em frente. São cinco os fatores cruciais para garantir um grau elevado de responsabilidade e comprometimento.

PAIXÃO: O combustível da vida

Como qualquer outro combustível, requer que você abasteça periodicamente para garantir o mais alto nível de energia. É como o seu automóvel, que requer gasolina regularmente, porque, se o tanque esvaziar, o carro não terá energia para seguir em frente. No entanto, deixamos de abastecer nossos relacionamentos, nossos objetivos profissionais, nossos interesses pelos estudos e nossos desejos por tudo na vida. Se não cuidarmos da paixão nem a cultivarmos, provavelmente perderemos a energia e desistiremos no meio do caminho. **Pessoas apaixonadas seguem firmes em seu propósito. Reconhecer suas paixões e cultivá-las ajuda a elevar a resiliência e a desenvolver competências para superar os desafios.**

ADMIRAÇÃO: Procure pessoas que fazem coisas admiráveis para cooperar com elas

Existem diversas pessoas no mundo que querem receber admiração, além de seguidores. No entanto, a melhor abordagem é: "O que você fez hoje é admirável? Como você avalia a sua obra?".

Atuar ao lado de pessoas que buscam sempre surpreender com seu trabalho e encantar outras faz a diferença para o mundo e para qualquer ambiente de negócio. Encontrar pessoas que regem seu destino e promovem a autoadmiração e a admiração de outros por onde passam é fundamental para almejar o sucesso.

A sinergia entre os comportamentos, impulsionados por valores, crenças e emoções, promovera as mudanças e o alinhamento que pretendemos e definira, com base em nossas atitudes, o que representamos, quem somos e quais as ações em favor da nossa causa.

O elemento essencial para prover a admiração é a sua obra em fatos, ações, realizações e o que você transforma. Admiração por desejo de admiração apenas constrói pessoas que reclamam e dizem que não recebem o valor que merecem; já aqueles que são realizadores iniciam o processo de admiração por si próprios.

ATITUDE: ter atitude é inerente ao ser humano. Todos têm

A diferença está na energia que a atitude representa. Há pessoas que vivem a maioria dos seus momentos com uma atitude positiva diante dos desafios, enquanto outras são negativas perante os problemas. Não espero encontrar pessoas que vivam sempre com atitude positiva e reconheço que tendemos ao equilíbrio. No entanto, a maior parte busca adotar um tipo de atitude, e prefiro aquelas que têm a propensão de trazer o olhar positivo e proporcionar uma solução.

A atitude negativa leva a pessoa a se manter na reclamação, ou seja, a repetir o clamor e não exercer a ação; enquanto outros, por meio da atitude positiva, por certo também se queixam da dificuldade e reconhecem o desafio, mas rapidamente agem em prol de buscar uma solução.

A atitude positiva representa movimento.

TALENTO: busque pessoas talentosas

As pessoas com talento parecem receber um chamado para viver uma missão especial. Alguns afirmam que talento é exercer algo com extrema profundidade.

Confirmo minha admiração pela profundidade que representa o nível de talento, mas precisamos ampliar o nosso olhar e reconhecer que o talento, mais do que isso, é também sobre abrangência. Na atualidade, não cabe mais dominar um assunto profundamente se não tivermos o conhecimento sobre a abrangência de nossas ações e o impacto que elas exercem nos outros e no ecossistema.

De nada vale ser o melhor se isso não beneficia os outros, se não beneficia nossos pares, se não beneficia o mundo.

COMPLEMENTARIDADE: unidos pelas fortalezas e diversidade

Seguindo o princípio da abrangência, é importante falar sobre complementaridade: a evolução do trabalho em equipe. Em nossa jornada profissional, já compartilhamos muitos projetos com outras pessoas, e essa não é uma iniciativa isolada. Na história da humanidade, há vários exemplos de ações que promoveram sinergia global, envolvendo pessoas de diversas áreas e localizações.

Precisamos entender que temos fortalezas espalhadas, atributos de diversas pessoas ao redor do mundo. Passamos anos discutindo como superar pontos fracos, como se a essência da evolução estivesse armazenada na capacidade de eliminar nossas falhas. Se sua fraqueza o impede de expandir e evoluir, recomendo que preste atenção, pois se existe algo que congela o seu potencial de campeão, é preciso cuidar disso.

Há uma maneira transformadora de avançar e tornar-se melhor para o mundo. É quando estamos atuando coletivamente e, melhor ainda, quando reconhecemos nossas forças; pois as conectamos com a força de outras pessoas e juntos potencializamos o sucesso.

Reconhecer os pontos fortes e colocá-los para operar em conjunto é a grande vantagem competitiva que deixaremos para as próximas gerações, transformando nosso potencial competitivo em um movimento colaborativo. Estamos muito próximos de reformular os conceitos de trabalho para fortalecer a ideia de que "juntos somos mais fortes, genuinamente".

Praticando a coerência, a consistência e a confiança

Podemos ter diferentes modelos de cultura em organizações distintas. O que não podemos permitir é a falta de coerência, consistência e confiança que resulta do desalinhamento em ambientes que priorizam o marketing e a divulgação do politicamente correto, mas vivem realidades contrárias daquilo que propagam.

Após decidir quais são as pessoas que vão se conectar conosco, precisamos definir práticas e políticas para reforçar a busca pelo nosso propósito, em uma jornada para nos tornar quem desejamos ser de acordo com a nossa visão, e que valorize nossa essência e nossos pontos fortes na direção que pretendemos seguir.

O grande desafio das organizações é evitar a cópia de modelos e jargões que estão disponíveis e que são capturados de outras empresas a partir do que alguns gestores da alta administração desejam ser. Na maioria das vezes, esses profissionais não demonstram coerência e acabam definindo palavras de ordem para um desejo irreal, porque as práticas são contrárias aos comportamentos que esperamos.

Definir elevado nível de segurança de processos não estimula a criatividade, assim como políticas de remuneração que são agressivas para evidenciar a competitividade não espelham uma cultura colaborativa. No entanto, é comum a alta administração definir valores aparentes e tentar reforçá-los com políticas contrárias, como se fosse possível ingerir um alimento e continuar com ele intacto.

As práticas de gestão de pessoas precisam ser revisadas para que possam refletir os direcionamentos estratégicos que reforçarão os comportamentos que norteiam a visão e o propósito do negócio.

Promovendo a sinergia

No fim, é o comportamento da liderança que definirá se todo o ecossistema funcionará em sinergia com o que foi planejado. É possível aproveitar o fato de que a sinergia representa o direcionamento comum da energia, sendo o líder responsável pelo alinhamento na prática, vivendo os valores da organização intensamente e propagando-os para que todos promovam uma revolução no ambiente e busquem o propósito.

Sim, é fato que o líder pode definir o sucesso ou o fracasso em uma cultura. No entanto, trataremos desse assunto em um capítulo à parte, que colocará em foco o verdadeiro espírito da liderança.

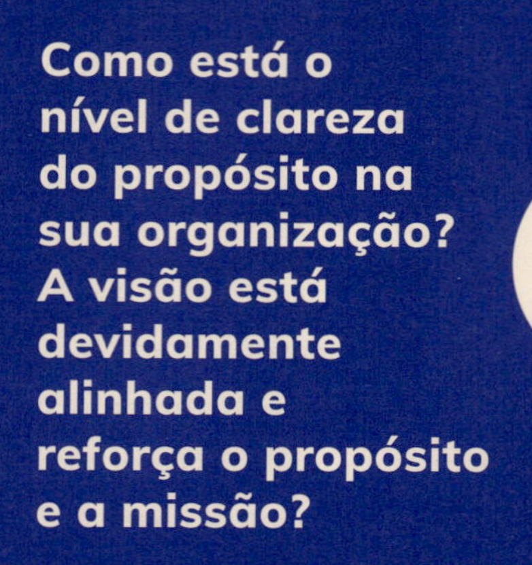

Como está o nível de clareza do propósito na sua organização? A visão está devidamente alinhada e reforça o propósito e a missão?

Os comportamentos, apoiados por valores, crenças, sentimentos e emoções, reforçam o alinhamento das ações para atingir a visão? Existe coerência, consistência e confiança entre as ferramentas de gestão e o comportamento das pessoas?

A cegueira dos líderes e o fantasma do fracasso

Nossa inabilidade em assumir riscos e o medo do fracasso nos direcionam para um modelo de gestão que não tem eficiência e que nos congela. As pessoas evoluem na carreira todos os dias, e o sucesso é o principal amigo do fracasso, porque nos direciona para o medo do retrocesso. Entramos em pânico se alguma ação puder colocar em risco tudo o que construímos.

O cenário empresarial ganhou um formato padrão e segue com uma linguagem própria dos negócios. Se alguém fugir desse modelo de diálogo poderá ser excluído do seleto grupo que podemos chamar de *mundo dos negócios*.

É incrível como aprendemos uma linguagem, estabelecemos um padrão e passamos a julgar tudo o que está fora desse contexto como se fosse realmente um desvio da normalidade. Isso provoca a diminuição de foco para um único ponto de vista e compromete a possibilidade de enxergar as mudanças de cenário e as novas perspectivas.

Trabalhar somente para obter lucro não requer brilhantismo. Mas ter foco apenas no lucro pode colocar o gestor em uma trilha que rapidamente se mostrará tenebrosa e incontornável.

É incrível como os novos negócios passam por desafios enormes até se estabelecerem, e pouco estudamos sobre as principais razões pelas quais a maioria das novas empresas não prospera.

Abro um paralelo para lembrar que os paradigmas do mundo estão mudando de maneira bastante acelerada. Estamos atuando no dia a dia para prover novas formas e valores sociais, no entanto o mundo do trabalho permanece estático, como se a principal fórmula ainda se resumisse a menor custo com maior receita para gerar maior resultado financeiro e tornar os negócios notáveis.

Durante muito tempo fomos dependentes dessa máxima porque nossas relações com os produtos e serviços eram baseadas somente na ordem de consumo determinada pela demanda. O fato é que os valores para as relações de negócio estão se transformando e temos novos parâmetros para equilibrar o mercado e atender às expectativas da sociedade.

A cada avanço abrimos novos modelos de relacionamento e a sociedade se reinventa, criando demandas para seus próprios modelos, como se a mudança exigisse uma nova necessidade que ainda requer interpretação para prover a transformação. Hoje posso falar detalhadamente sobre todas essas mudanças que vivemos, obtendo inclusive apoio do mercado, que reconhece meus argumentos e acena positivamente para cada um deles, porque esses profissionais também vivenciaram essas mudanças.

No entanto, no que se refere à nova onda, ou àquela que já estamos vivendo, o retorno da maré ainda não provocou a perfeita formação da próxima onda. Muitos céticos dirão que o movimento é pequeno e que não terá forças para prover a revolução, e que essa projeção é, portanto, apenas uma falsa profecia.

As opiniões devem mudar. Em cada novo ciclo que surge, existem menos dúvidas, mas a dependência se torna mais evidente. Cada ciclo segue uma tendência, como se tivéssemos de olhar para dentro de nós a cada etapa, e isso tem gerado mais necessidade de mudanças – nesse caso, mudanças internas nas pessoas, que finalmente deem sentido ao novo modelo de negócio que está surgindo.

Clientes estão revisando seus valores, investidores estão revisando seus valores, pessoas em geral estão revisando seus valores. É nítido que todos querem ampliar sua contribuição para o bem comum e assumir maior responsabilidade social por aquilo que desenvolvem no mundo. Não estou falando apenas sobre a necessidade de melhor distribuição de bens e recursos materiais, mas de um modelo que reconheça os méritos sociais e promova a inclusão para que cada ser viva intensamente na sua essência. Isso altera o papel dos *stakeholders* e exige uma remodelação nos negócios.

Cada geração chega com novas demandas de ruptura, e não porque simplesmente desejam abandonar tudo o que existe, mas porque nós mesmos fortalecemos um novo pensamento e novas ideologias, porque entendemos que a forma de atribuir valores precisa mudar. Dessa maneira, influenciamos a sociedade diante de uma necessidade de modelos novos nas práticas de educar, nas de respeitar o próximo, de zelar pelo mundo em que vivemos. Eu poderia escrever uma obra inteira falando apenas desses aspectos.

Iludimo-nos tentando esconder de nós mesmos os fenômenos que estão acontecendo pelo mundo e não reconhecemos o nosso papel na transformação.

As novas gerações que estão chegando ao mercado de trabalho não são apressadas porque querem que as coisas aconteçam em uma velocidade com

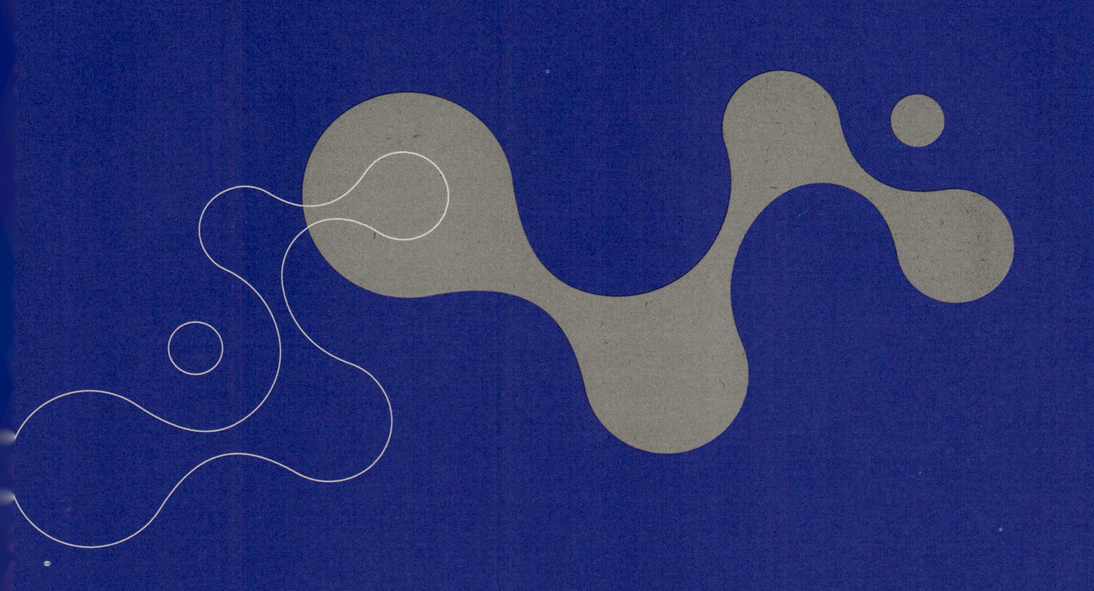

Trabalhar somente para obter lucro não requer brilhantismo. Mas ter foco apenas no lucro pode colocar o gestor em uma trilha que rapidamente se mostrará tenebrosa e incontornável.

a qual não estamos acostumados. Não são ambiciosas porque desejam saltar do primeiro dia de trabalho para a cadeira da presidência em uma semana. E não são intolerantes com as regras e os procedimentos que estão em pauta há muitos anos porque querem desrespeitar a história.

As novas gerações que chegam ao ambiente de trabalho foram educadas para questionar o *statu quo*, para colaborar, tomar decisões e executar as coisas de maneira simples e prática, priorizando a necessidade de realizar com significado. E se apenas a cadeira do presidente lhes garante essa oportunidade, decerto é por isso que aspiram ao maior cargo nas empresas. Se aproximarmos todas as posições da organização à cadeira do presidente, provavelmente todas as gerações se sentirão mais confortáveis em suas colaborações e eliminaríamos os conflitos existenciais no ambiente de trabalho.

Precisamos atualizar nossos paradigmas com a mesma velocidade com que o mundo realiza suas mudanças. As alterações não são geradas pelas máquinas ou pela natureza, que segue seu ciclo natural e seu tempo, exceto pela nossa influência. São as pessoas que mudam seus valores sociais e demandam novas formas de relacionamento, e o mundo do trabalho e as organizações também estão inseridos nesse complexo ambiente chamado sociedade.

Por algum tempo resistimos a tudo que representa mudança, mas o ambiente de trabalho já mudou de maneira considerável desde que as relações foram reguladas pelo escambo e pelo início do capitalismo. Já vivemos momentos bastante distintos em nossa sociedade, e as mudanças do passado nos fazem pensar que o nosso padrão e aquilo em que acreditamos hoje também poderá ser questionado. Um dia a humanidade olhará para trás e imaginará como as pessoas do século XXI puderam promover tal modelo de relacionamento no trabalho e como puderam se sustentar por tanto tempo com relações tão controversas, instáveis e punitivas.

Enquanto vivemos as mudanças, temos dificuldade para entender e enxergar o todo. Portanto, nos boicotamos com a certeza de que nossas posições estão corretas.

Posso imaginar pessoas em 2080 perguntando para alguém que trabalhou em 2020 coisas bastante sutis relacionadas ao modelo de trabalho, querendo entender por que todos precisavam ir para o mesmo lugar, ficar em um ambiente fechado executando uma atividade repetitiva, submetidos a mecanismos de controle de presença, colocando suas digitais na entrada e na saída para garantir que estavam ali, sendo punidos no caso de ausência, mesmo contribuindo significativamente para o negócio. Imagine alguém perguntando sobre como faziam em ocasiões especiais, como aniversário de filhos, morte de parentes ou qualquer outra, que ainda não são regulamentadas por uma legislação. E se ao final da licença funeral a pessoa não estivesse bem para o trabalho? Até imagino as expressões faciais diante das respostas.

AS PESSOAS ERAM SUBMETIDAS A MECANISMOS DE CONTROLE DE PRESENÇA POR MEIO DAS DIGITAIS?

E SE CHEGASSEM MAIS TARDE OU FOSSEM EMBORA MAIS CEDO ERAM PUNIDAS, MESMO QUE O TRABALHO ESTIVESSE CONCLUÍDO COM QUALIDADE?

AS PESSOAS FICAVAM **CONFINADAS** NO MESMO AMBIENTE OITO HORAS POR DIA?

Esse modelo de ambiente de trabalho é insustentável. Para prejudicar mais ainda os indicadores de desempenho das organizações, que deixam de criar um excelente ambiente para que as pessoas possam dar o melhor de si e contribuir de maneira positiva para o sucesso dos negócios, ainda temos porcentagem semelhante de gestores que seguem padrões sem questionar por que o fazem e impõem fórmulas de menor custo para aumentar receitas. Nem sequer notam que a baixa contribuição das pessoas representa uma perda financeira anual exorbitante, já que as pessoas entregam menos porque não toleram os ambientes empresariais em que sobrevivem. É literalmente uma luta por sobrevivência no ambiente de trabalho, e isso tem um custo extraordinário para as organizações. No livro *It's the Manager*, Jim Clifton e Jim Harter estimam que, só nos Estados Unidos, o prejuízo pelo baixo nível de engajamento é de aproximadamente 1 trilhão de dólares por ano.[19]

19 CLIFTON, J.; HARTER, J. **It's the Manager**: Moving from Boss to Coach. Nova York: Gallup Press, 2019. p. 77.

Cada geração chega com novas demandas de ruptura, e não porque simplesmente desejam abandonar tudo o que existe, mas porque nós mesmos fortalecemos um novo pensamento e novas ideologias, porque entendemos que a forma de atribuir valores precisa mudar.

Acordar para a nova necessidade de fazer negócios e gerir pessoas, como também romper com as barreiras funcionais em que especialistas buscam a competitividade e a imposição das próprias experiências, segmentando o interior das empresas para uma batalha departamental, é urgente para reconhecer as oportunidades e promover a colaboração. E, para começar, sugiro a mudança da famosa pergunta "Qual é o custo da mão de obra?" para "Qual é o percentual de colaboração espontânea das pessoas?". Se adotarmos como exemplo uma empresa em que o custo da mão de obra é de 1 milhão de dólares e o índice de colaboração é de 20% do potencial das pessoas, enquanto outro negócio com o mesmo foco tem um custo de 2 milhões de dólares e um índice de colaboração de 80% do potencial, qual seria a empresa com maior lucratividade e produtividade?

O empreendedorismo mudou de aparência e ampliou sua abrangência porque antes a sociedade fazia a leitura do empreendedor de maneira muito similar à do investidor. Era aquele que tinha a coragem e a astúcia de investir em algo e ter o próprio negócio.

Estamos diante de um modelo educacional que institui uma nova geração de empreendedores, definidos como aqueles que transformam o *statu quo* e dirigem o próprio destino, criando novas formas de fazer negócios na sociedade. Isso pode ser realizado por meio do próprio negócio, por associativismo – em que diversos empreendedores unem suas virtudes para mudar algo no mundo – ou por ações empreendedoras dentro dos ambientes organizacionais, transformando o modo de executar o trabalho e contribuindo para a ruptura do que existe, a fim de gerar mais prosperidade e sucesso nos ambientes corporativos.

O fator comum entre todos os aspectos do empreendedorismo é que a sociedade anseia por um significado em tudo o que realiza. Sendo assim, a criação de negócios surge com uma conexão com o propósito e a contribuição para a sociedade, da mesma maneira que a participação nos negócios existentes exige uma reformulação para que todos reconheçam o significado da sua contribuição e a conexão com o seu propósito de vida. Essas necessidades não são novidade, mas começam a tomar forma de maneira mais intensa e clamam pelo fim dos "tempos modernos", em que o ser humano simplesmente acompanha o ritmo da máquina.

Os modelos competitivos começam a ser questionados para dar espaço aos modelos colaborativos de relações sociais, e isso também influencia o mundo do trabalho.

Todos geram mais valor quando reconhecem significado no seu propósito de vida e quando percebem claramente novas formas colaborativas de ampliar as forças e promover também o sucesso do outro, descobrindo com maior intensidade a importância do sentimento de generosidade na forma de fazer negócios. Um estudo da Deloitte[20] indica que empresas com propósito apresentam níveis 30% mais altos de inovação, além de 40% mais retenção da força de trabalho.

20 EMPRESAS com propósito têm mais produtividade e crescimento. **Vagas for business**, 2021. Disponível em: https://forbusiness.vagas.com.br/blog/empresas-com-proposito/. Acesso em: 21 abr. 2022.

Acordar para a nova necessidade de fazer negócios e gerir pessoas, como também romper com as barreiras funcionais em que especialistas buscam a competitividade e a imposição das próprias experiências, segmentando o interior das empresas para uma batalha departamental, é urgente para reconhecer as oportunidades e promover a colaboração.

Competidores e proprietários de pequenos supermercados no Brasil viviam escondendo suas forças e encobrindo suas fraquezas para não serem dominados pela concorrência. Durante anos, muitos negócios promissores fecharam porque não conseguiram concorrer com os grandes varejistas. Um grupo de empresários viu seu destino mudar quando se reuniu e conectou suas forças, criando a rede Mix Bahia. Juntos, lidaram com suas fraquezas e criaram uma nova rede, definindo uma aliança que os colocou em um patamar de maior competitividade com os grandes varejistas. Unir as forças para melhores compras e aquisições, melhor gestão de recursos e melhor capacitação das pessoas, no final, garantiu sucesso para todos eles.

A grande lição para os investidores é que os competidores também podem participar da mesma equação e gerar um modelo de sucesso.

As novas fórmulas de relacionamento entre empresas e clientes estão chegando, e os paradigmas do passado já sofrem com a expectativa atual do mercado consumidor. **A busca por produtos saudáveis, práticas responsáveis de gestão e consumo consciente têm criado impacto e significado em alguns setores do mercado que estão reinventando as fórmulas** para tentar reverter as quedas acentuadas nas vendas.

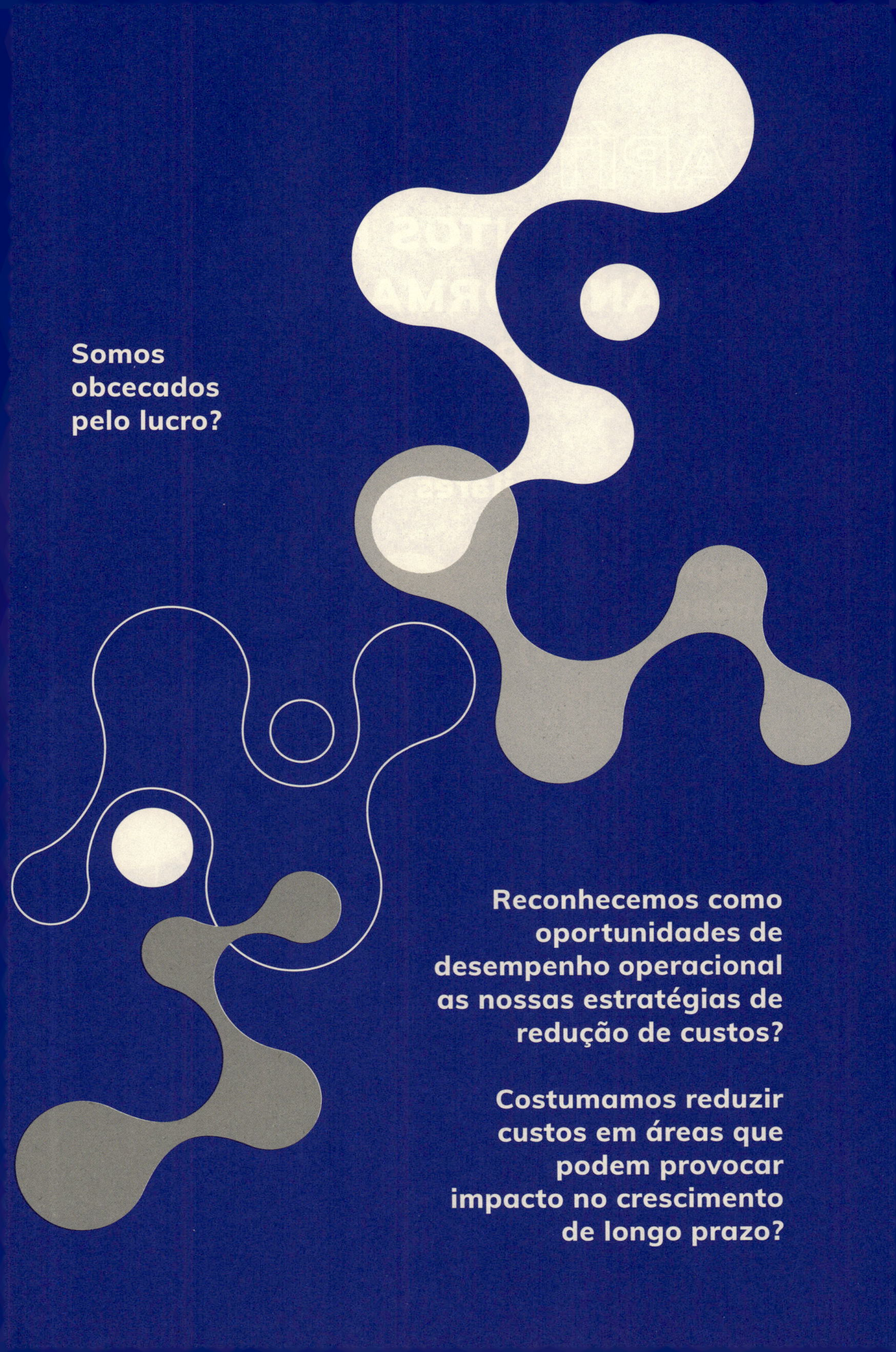
Somos obcecados pelo lucro?
Reconhecemos como oportunidades de desempenho operacional as nossas estratégias de redução de custos?
Costumamos reduzir custos em áreas que podem provocar impacto no crescimento de longo prazo?

CAPÍTULO 7

OS ELEMENTOS PARA A TRANSFORMAÇÃO DA CULTURA

Decifrando os pilares do engajamento (inspirar, evoluir, cuidar, agradecer e compartilhar)

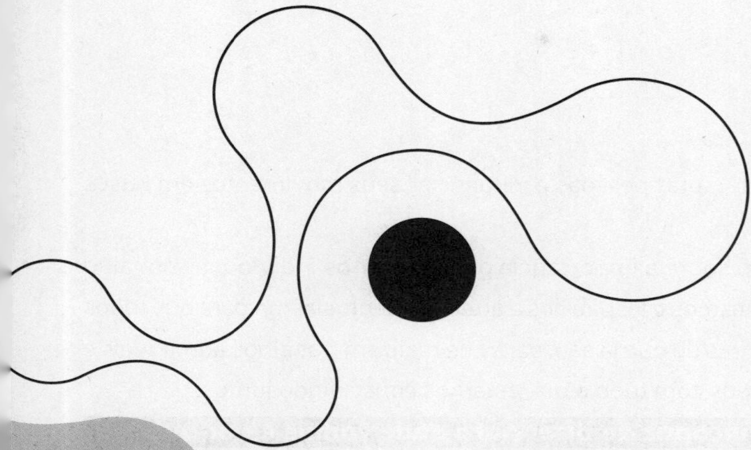

Imagine cinco elementos que, se estiverem em um movimento combinado e caminhando paralelamente, farão a energia de todos fluir com harmonia e propagarão os ventos das mudanças e transformações de maneira cadenciada.

Você conhece o cata-vento? Sim, é isso mesmo. Um cata-vento tem o mecanismo perfeito para absorver a melhor energia do Universo, o vento, e proporcionar giros que impulsionam de tal maneira que cada pá se move. Se houver cores, em breves movimentos observaremos que elas darão lugar a uma cor única.

Certo dia, ainda no início das mudanças que iríamos realizar na Kordsa – organização que nos anos de 2010 e 2011 viveu períodos turbulentos e tornou-se exemplo de transformação por meio da mudança no processo de gestão de pessoas, sendo considerada a melhor empresa para se trabalhar e empresa do ano em 2019, segundo pesquisa da FIA/*Você S/A*, e o lugar mais incrível para se trabalhar em 2020 pela FIA/UOL –, busquei entender quais seriam os alicerces que garantiriam a grande transformação que proporíamos e como poderíamos implementar essa movimentação tão importante e conquistar um ambiente engajador.

Então, chegamos aos cinco pilares-chave para a transformação: **inspirar, evoluir, cuidar, agradecer e compartilhar**. Executar cada um deles como parte de um todo, impulsionando-os com o mesmo nível de energia e colhendo os frutos de todas as ações com convergência seria a melhor maneira para atuar naquele momento, sem priorizar nenhum deles e fazendo tudo acontecer em unicidade. A melhor representação simbólica que tivemos foi o cata-vento.

Inspirar

Afinal, como inspirar tantas pessoas e influenciar seus movimentos em busca de algo maior?

Estamos falando sobre a importância de conectar os indivíduos com algo maior do que eles mesmos e inspirá-los a atuar com entusiasmo para que todos os dias sejam melhores do que já são, para que realizem trabalhos admiráveis e conectem seus sonhos com tudo o que estamos construindo juntos.

Se um líder é incapaz de dizer para onde vamos e por que realizamos o que realizamos, é bastante difícil ser inspirado por ele. O sucesso do nosso negócio deve estar intimamente ligado à capacidade de exercer o nosso papel na organização, e isso vai além de recrutar, administrar e encerrar o ciclo de vida das pessoas na empresa.

Como uma inspiração pode ser propagada, chegando a todos os cantos e colaboradores da empresa para que possam viver intensa e verdadeiramente? Preciso apontar com firmeza o nosso futuro e falar sobre ele de maneira simples, clara e objetiva para que todos entendam para onde vamos. A maioria das pessoas quer viver experiências incríveis em ambientes admiráveis e acolhedores, sabendo o que esperar de cada membro da equipe para construir uma história. Saber para onde vamos e quais os desafios de cada um – que, combinados, ajudarão todos a chegar até o objetivo – é um grande propagador de entusiasmo.

Reconheço que em diversos ambientes os diálogos são em torno de metas, e as pessoas não têm a menor ideia de para onde vão e o que esses números representam. Muitos não entendem claramente os benefícios de tudo o que realizam no dia a dia, mas todos precisam saber aonde querem chegar e como podem contribuir.

Lemas como "vencer a concorrência" e "ganhar mais rentabilidade" não conquistam ninguém, exceto aqueles que querem estabelecer uma relação meramente financeira com a empresa. No dia em que as coisas começarem a ir mal, a motivação acaba e tudo tende a ruir.

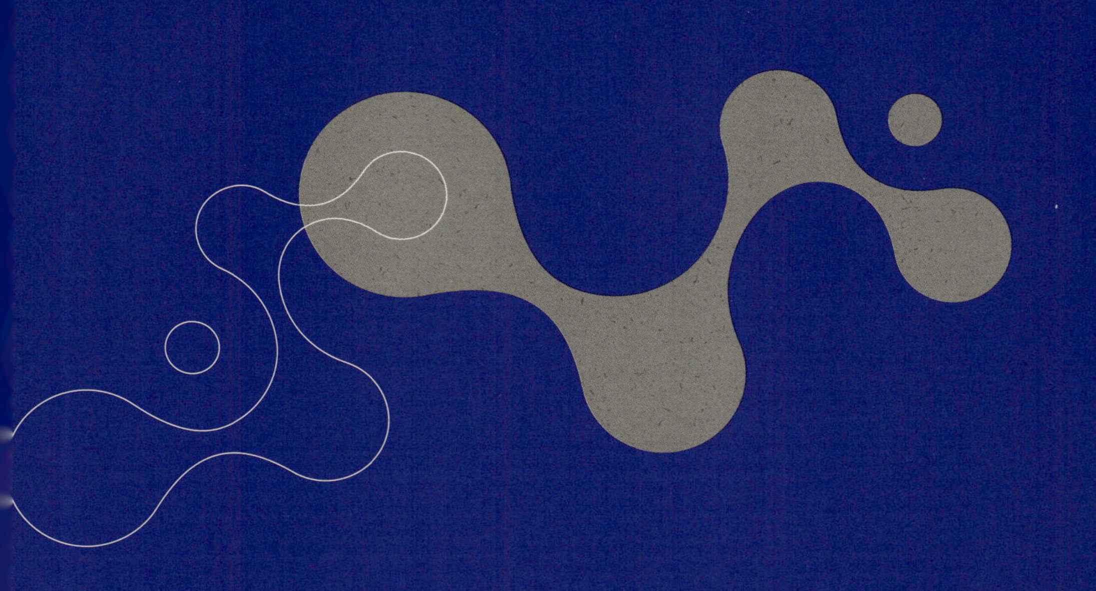

Saber para onde vamos e quais os desafios de cada um – que, combinados, ajudarão todos a chegar até o objetivo – é um grande propagador de entusiasmo.

Devemos conectar as pessoas com os nossos sonhos. Todos sabemos que ninguém seguiu os grandes líderes da história porque eles gritavam por aí: "Eu tenho um plano!". O lema de Martin Luther King era "Eu tenho um sonho", e em seus discursos fazia esse sonho ser compreendido pelos ouvintes.

Infelizmente, a maioria dos gestores nas organizações ainda proclama "Eu tenho um plano" – que muitas vezes esconde a frase completa, que é "Eu tenho um plano para que vocês realizem um sonho", criando uma legião de seguidores de planos sem um sentido próprio.

Quando os profissionais vivem o seu melhor, diante de um propósito comum a todos, eles se conectam com o impacto que causam positivamente no ecossistema do qual fazem parte, no produto que entregam e na interação que têm com as pessoas dentro e fora da organização. Acreditamos que tudo é possível. Se é possível imaginar, é possível reconhecer que já está presente no campo energético. Precisamos apenas descobrir como conectar as pessoas a essa energia para trazê-la para o campo material.

Nós podemos desenvolver coisas novas todo o tempo em busca de sonhos, ou melhor, **podemos nos desenvolver com coisas novas todo o tempo quando reconhecemos a transformação que isso representa para nós mesmos**.

Temos a missão de envolver as pessoas em metas desafiadoras para que elas percebam a real importância do que fazem, a fim de contribuir para os negócios e para a própria vida.

A maneira de se comunicar deve promover a queda de barreiras, criando canais de diálogos acessíveis e reforçando a confiança para que as pessoas tenham interesse em contribuir com o gestor.

Para inspirar, é importante ir além dos muros na busca por conhecimento, interpretando as tendências e antecipando conversas para que todos reconheçam que falamos sobre algo maior do que somos hoje, trocando ideias sobre temas e possibilidades a que as pessoas ainda não tiveram acesso, ajudando-as a refletir sobre como criar as pontes para a transição do momento atual até o momento futuro.

Para que a alta liderança reconheça a importância do seu papel de guiar esses diálogos com toda a organização e de inspirar as pessoas, a primeira pergunta a ser feita é: "Sabemos para onde estamos indo?". Depois: "Consigo reconhecer o que nos afeta no momento atual e quais competências precisamos desenvolver para lidar com as tendências?". Se as respostas não são claras, não existe caminho para manter o engajamento na organização, porque **confiar na jornada e saber que podemos chegar a lugares com os quais sequer sonhamos faz muita diferença para os colaboradores**.

É necessário entender o papel da alta liderança e também dos líderes que estão com as pessoas todos os dias, que têm um papel igualmente fundamental na propagação dos sonhos em comum. É preciso saber quais são os desafios que esses gestores e suas equipes enfrentarão na transição, e entender que os líderes são os principais propagadores do entusiasmo.

A maioria reconhece a importância dos canais de diálogo em mão dupla para que todos possam compartilhar suas ideias e promover o mais elevado grau de contribuição em todos os níveis da empresa. No entanto, é comum encontrar ambientes com gestores que sequer investem em canais de mão única, acreditando que falar com as pessoas é uma atividade que dá muito trabalho.

Se nosso principal papel é liderar as pessoas para que elas possam viver suas melhores experiências e entregar serviços e resultados admiráveis, inspirá-las a tomar grandes decisões e realizar ações é o caminho fundamental para isso, para conduzir todos em uma mesma direção. Mas é impossível atingir esse objetivo sem contar com boas plataformas de conversa.

Mantenha o diálogo com as pessoas periodicamente, por motivos específicos ou não; faça isso com colaboradores de diferentes áreas da organização, a qualquer momento, mas aborde todos eles em cada canto da empresa, sem esquecer ninguém.

Nível de engajamento e nível de diálogo são inversamente proporcionais na configuração de uma empresa de alta performance. O principal fator para o elevado engajamento das pessoas é a frequência dos diálogos e, nesse caso, não estamos falando apenas de rodas de conversa. As pessoas anseiam por feedbacks formais para saber **para onde estão indo, o que é esperado delas, como elas estão contribuindo e como podem ser ouvidas**.

Nas pesquisas do Great Place to Work, a frequência dos feedbacks acompanha o índice de satisfação das pessoas. Quem conta com mais de quatro feedbacks formais por ano tende a ter níveis de engajamento acima de 80%.[21]

21 DINIZ, D. Quanto vale um feedback? **GPTW**, 22 nov. 2016. Disponível em: https://gptw.com.br/conteudo/artigos/valor-feedback/. Acesso em: 21 abr. 2022.

As pessoas querem se assegurar de que confiamos nelas, que elas podem confiar em nós e que, juntos, realizaremos algo grandioso, que melhorará o mundo em que vivemos.

Pessoas inspiradoras são indispensáveis a uma empresa líder e conectada com as novas gerações. **Cada colaborador deve ser inspirado a agir e pensar que o seu trabalho tem um sentido muito maior do que apenas executar bem uma tarefa.** Criamos significados para as pessoas. Mais do que inspirados, somos apaixonados pelo que realizamos e por aquilo com o que sonhamos. Trabalhamos todos os dias para ter brilho nos olhos e ampliar o alcance do olhar de cada ser que nos acompanha.

Conectar propósitos mantém as pessoas constantemente inspiradas. Ao levar a mensagem do futuro e ensinar os passos para a transformação, somos desafiados todo o tempo a demonstrar a coerência e o nível de confiança que temos em nossas equipes. Conheço líderes que falam sobre o que esperam dos profissionais a fim de buscar inspiração, convidam-nos para as mudanças que precisam fazer, sabem discorrer sobre os planos e desafios do momento atual e até sobre os prejuízos que vivem.

Inspirar pessoas não é falar sobre os prejuízos que temos hoje e como elas podem reverter esse resultado. Os resultados dos negócios não são um ato de inspiração, e sim um compromisso com o desempenho. Quando nos propomos a falar sobre desempenho, precisamos fazer isso com coerência, consistência e confiança. Quando os resultados estiverem sendo positivos, o diálogo tem de ocorrer com o mesmo nível de profundidade com que falamos nos momentos de dificuldade.

Isso significa que precisamos manter nossos princípios a todo momento, e se a transparência é valiosa para nós, deve ser conservada tanto em períodos de maré turbulenta como em momentos de águas calmas e tranquilas.

Em todos os nossos canais de diálogo devemos lembrar que estabelecer uma relação de confiança é fundamental. Para que isso aconteça, nosso discurso deve ser regado de coerência, porque as pessoas, em geral, sabem de todos os detalhes. Se o colaborador da operação não conhece seu desempenho financeiro, saiba que esse desempenho é conhecido pela equipe financeira. Na mesma direção, se os volumes estão sendo comercializados de maneira satisfatória, seja sincero com todos, porque as pessoas sabem.

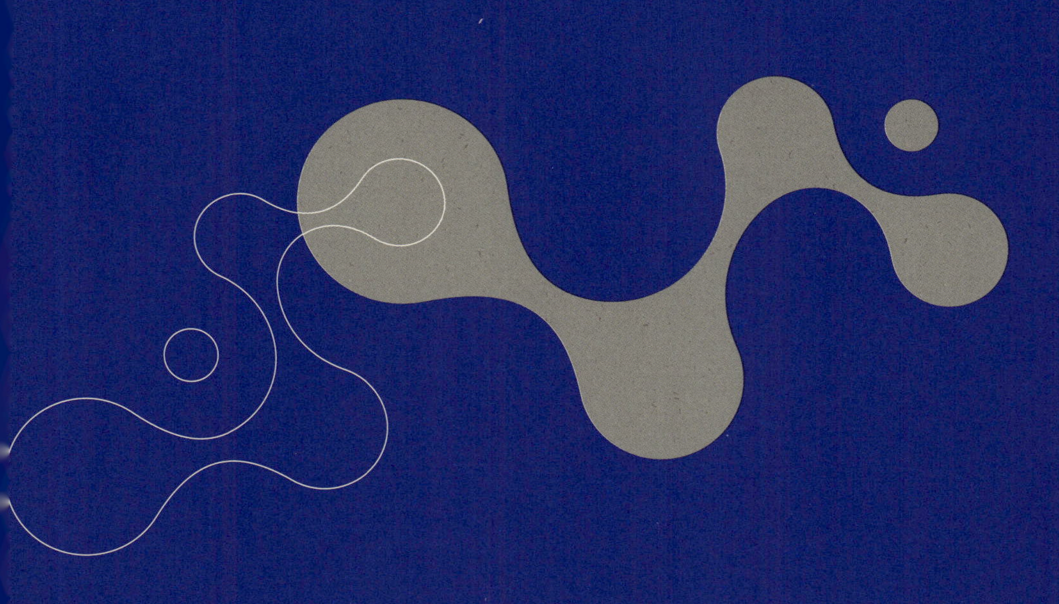

Elevado nível de engajamento e baixo nível de diálogo são inversamente proporcionais na configuração de uma empresa de alta performance.

Essa atitude reafirma a necessidade do nosso compromisso com uma postura ética, porque em todos os cantos da empresa as pessoas nos conhecem, sabem quem somos e o que proporcionamos nessa relação ampla. É algo que não deveríamos ter de abordar, mas se o seu comportamento e sua postura não estão coerentes com o que é falado, você só está tentando enganar a si e sendo tolo diante dos outros. Devemos tratar todo ser humano com o devido respeito que cada um merece, inclusive você mesmo.

Em resumo, você pode abrir diversos canais de diálogo, mas não se esqueça de ter coerência e consistência em todos eles para estabelecer uma relação de confiança com seus interlocutores. Reforce o relacionamento com todas as pessoas com quem tem contato, honre seus compromissos e suas promessas e aproveite a oportunidade para ampliar seu conhecimento por meio do poder da escuta.

Antes de iniciar um diálogo na organização, pense sobre a importância de ser transparente, pois frequentemente menosprezamos o conhecimento dos outros e tratamos assuntos triviais como confidenciais. Lembre-se, porém, de que todos que o cercam conhecem muito bem a sua organização; portanto, evite rodeios, informações desencontradas e dados que não correspondam à verdade. Se isso acontecer, pode até haver inspiração, mas as pessoas só estarão dispostas a fazer a travessia ao seu lado se existir uma relação de confiança.

Depois de explorar bastante a importância e o compromisso com o conteúdo que levará ao conhecimento dos demais, recomendo grande liberdade, variedade e criatividade, instituindo cafés, encontros com grandes times e a organização de grupos focais para conversar sobre temas específicos que poderão ajudá-lo em sua trajetória ao lado das pessoas. Integre os canais de diálogo interno com as famílias, com a sociedade e com todos com quem puder compartilhar seus sonhos. Abra canais para sugestões espontâneas, crie redes sociais internas, estabeleça meios de denúncias e um código de conduta ética. **E seja o mais expansivo possível, porque a força do diálogo da liderança pode levar os liderados ao mais alto nível de realização de sonhos.**

Paralelamente a tudo que fizemos, sempre busquei fortalecer o associativismo com instituições e entidades, com o objetivo de conhecer o que os outros estão fazendo e de compartilhar nossas práticas. Quando reforçamos o ecossistema e levamos a mensagem dos nossos sonhos, recebemos apoio e ampliamos o potencial de reconhecimento de nossas pessoas na sociedade.

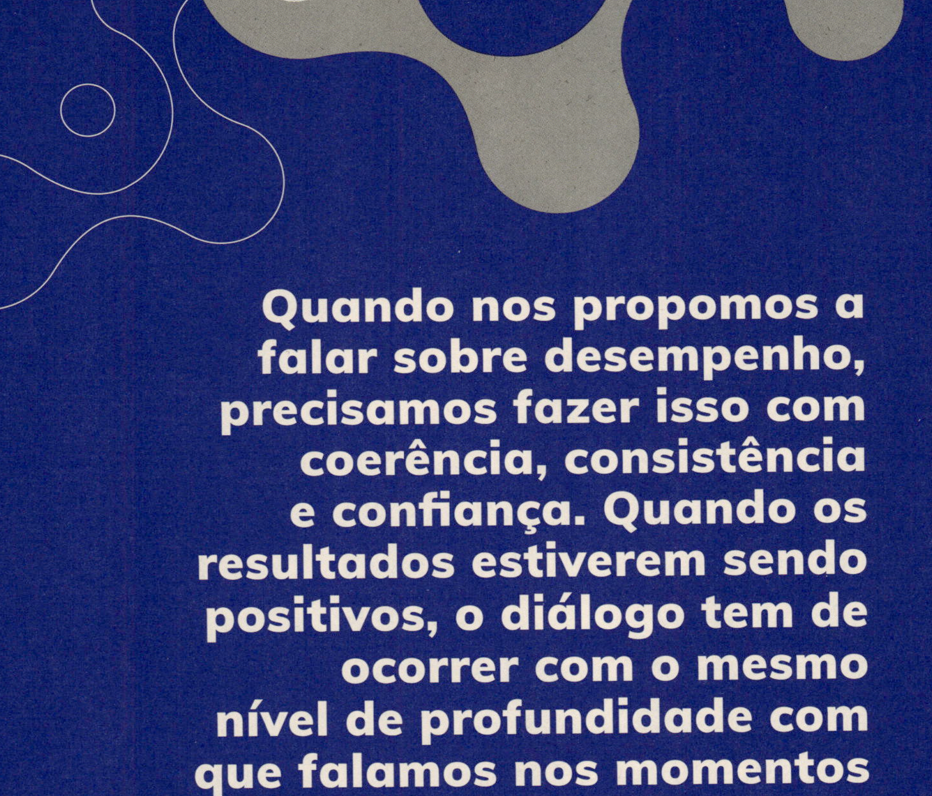

Quando nos propomos a falar sobre desempenho, precisamos fazer isso com coerência, consistência e confiança. Quando os resultados estiverem sendo positivos, o diálogo tem de ocorrer com o mesmo nível de profundidade com que falamos nos momentos de dificuldade.

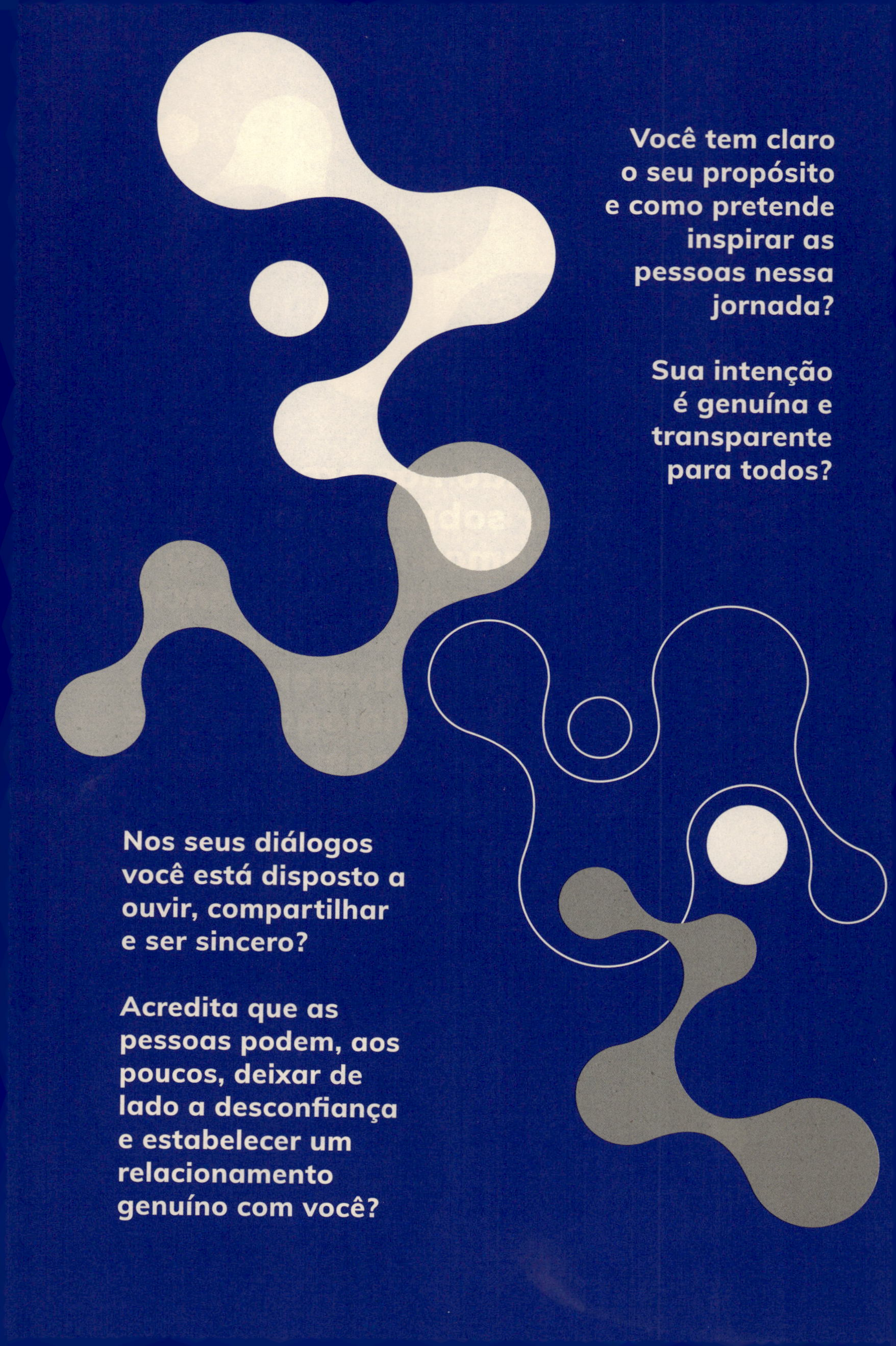
Você tem claro
o seu propósito
e como pretende
inspirar as
pessoas nessa
jornada?
Sua intenção
é genuína e
transparente
para todos?
Nos seus diálogos
você está disposto a
ouvir, compartilhar
e ser sincero?
Acredita que as
pessoas podem, aos
poucos, deixar de
lado a desconfiança
e estabelecer um
relacionamento
genuíno com você?

Evoluir

Evoluir caminha com o treinar.

O processo de desenvolvimento e capacitação das pessoas é sempre afetado quando tratamos de crise nas organizações.

Em primeiro lugar, precisamos entender o que é crise e o que são momentos desafiadores, porque existem empresas que mantêm o discurso contínuo de crise como se esse fosse o *statu quo* da organização. Devemos tomar muito cuidado com o que divulgamos para o mundo, porque as crises reais quase sempre estiveram relacionadas com a economia e a política de um país e, ao observar a tendência desses indicadores, notamos que, em diversos momentos, alguns setores propagam discursos de dificuldade enquanto outros apresentam desempenho claro de prosperidade e estabilidade.

É fato que existem anos em que os indicadores econômicos, como o Produto Interno Bruto, alcançam resultados negativos, mas em geral esse mesmo indicador tem apresentado índices positivos com maior frequência. Devo esclarecer que o indicador é uma média e, se o seu negócio apresenta desempenho negativo, existe alguém com resultado positivo. Recomendo avaliar sua performance, desempenho e modelo de gestão.

Outro fator intrigante e que tenho dificuldade de entender é que o processo de desenvolvimento e a capacitação existem para melhorar o desempenho das pessoas, habilitando-as a cumprir seus desafios. Portanto, quanto maior o grau de capacitação do profissional, supõe-se que também seja maior o seu grau de realização com o menor volume de erros. Sendo assim, quando alguém diz que reduzirá os incentivos em capacitação, geralmente penso qual é a coerência e qual é o resultado que esse gestor pretende obter. Quem de fato está deteriorando o desempenho? Quem é o responsável pelas decisões que comprometem a qualidade no longo prazo? Se as pessoas não conseguem fazer seu trabalho com excelência, o que está provocando essa queda no desempenho delas?

Outro fator é o grau de retorno de cada investimento no desenvolvimento de pessoas. Se há investimentos e os retornos não são observados, é provável que o seu ambiente para implantação ou maneira de capacitação esteja comprometido. No entanto, deixar de treinar não resolve o problema. É recomendável buscar caminhos para intensificar o seu processo de desenvolvimento e aperfeiçoar suas práticas de formação, a fim de garantir o retorno e expandir seus recursos na capacitação. Reter pessoas desqualificadas não é uma boa ideia, pois isso pode causar impacto direto no seu resultado.

Na ausência de recursos, devemos exercitar a criatividade para buscar soluções ou métodos de desenvolvimento de pessoas. Também é importante olhar ao redor para descobrir os talentos que você tem à disposição e como melhor alocá-los em um movimento planejado, para que todos possam compartilhar e aprender.

Não estou afirmando que somente investimentos em recursos internos são o caminho para a capacitação e o desenvolvimento das pessoas em sua organização. Porém, havendo falta de competência interna para a qualificação dos colaboradores, será necessário fazer um esforço extra, definir suas prioridades e encontrar uma maneira de executar cada processo de formação, pois assim entenderemos que, para cada investimento mínimo em conhecimento, seremos sempre presenteados com a multiplicação de benefícios para todos. Portanto, amplie esse mínimo para o máximo e veja a grande transformação organizacional.

Se sua maior necessidade está direcionada aos valores e às competências que já fazem parte do seu negócio e, nesse caso, você precisa capacitar outras pessoas para estarem aptas a transmitir o aprendizado, é recomendável que as ensine a compartilhar melhor o que conhecem, por meio de metodologias que intensificarão o processo de formação dos grupos que necessitam dessa capacitação, conduzindo os investimentos internos até que todos ampliem suas competências.

Ainda assim, para promover o crescimento da performance de todos que atuam na sua organização, existem opções técnicas com potencial de resultado direto no desempenho financeiro, como ferramentas de melhoria de processos, aplicação de métodos – como Seis Sigma, desenvolvido originalmente pela Motorola para otimização –, e outros sistemas de qualidade e condução de projetos. Esses programas trarão retorno direto e intensificarão sua capacidade de realizar tarefas, possibilitando medir com mais eficiência o retorno financeiro sobre o investimento e conduzir o monitoramento de cada recurso.

É importante lembrar que alguns conhecimentos e habilidades são técnicos e que sua ausência impacta diretamente a capacidade de as pessoas realizarem as atividades com empenho. Portanto, o investimento é indispensável, pois quando ocorrem problemas na execução das tarefas, as consequências atingem em cheio os resultados do negócio, comprometendo a satisfação dos clientes, impactando a confiança nos produtos e serviços e afetando o faturamento.

A qualificação das pessoas que atuam em sua organização interfere diretamente na qualidade dos produtos e serviços que você entrega para a sociedade. Portanto, qual é a lógica em cortar recursos sem buscar alternativas para compensar a ausência dos investimentos e garantir a continuidade da capacitação?

Diante de todos esses fatores, vale lembrar que, quando estabelecemos uma cultura de desenvolvimento e aprendizagem, contamos com todo o potencial de evolução diário das pessoas, porque é impossível qualquer ser humano se conectar com outro e sair desse encontro sem uma oportunidade de evolução. Temos o momento mágico de conhecer a experiência e as histórias de vida do outro, como também soluções que ele já viveu e que agora compartilha por vídeos, livros, textos, diálogos e muitos outros caminhos, gerando uma plataforma natural de desenvolvimento humano.

O maior desafio é tornar as pessoas conscientes de que a interação no dia a dia também é uma plataforma de desenvolvimento e capacitação enorme. Quando temos consciência desses benefícios, podemos potencializar as características positivas e os resultados em nossa experiência.

Ajudar as pessoas a dividirem suas experiências por meio de programas de rotatividade (*job rotation*), compartilhamento de práticas, execução de projetos em equipe e trabalhos internos de mentoria poderá trazer grandes soluções com baixo investimento. Reforçar o perfil formador de competências de seus líderes e prover seus colaboradores com o melhor de cada profissional, atuando de maneira programada e integrada com a plataforma de desenvolvimento da organização, serão alguns desses benefícios.

Se ensinar nos ajuda a aprender, por que somos tão resistentes em estabelecer plataformas nas quais nosso pessoal possa exercer a sua capacidade de ensinar?

Os diálogos internos, os comitês de desenvolvimento e o suporte aos líderes para que eles exerçam o papel de desenvolvedores de suas equipes reduzem a distância entre os indivíduos, aumentam o potencial de empatia e promovem uma cultura de troca de conhecimento superior a qualquer treinamento.

A organização é uma plataforma de dar e receber. Ajudar todos a transformar suas habilidades e evoluir é a essência dos programas de desenvolvimento humano. As empresas não existem apenas para lucrar por meio do trabalho. Primeiro elas existem para contribuir e formar a sociedade em que estão inseridas para se desenvolverem, e só depois recebem a contrapartida, que é um excelente trabalho. Quando ocorre o desenvolvimento é que finalmente as organizações crescem.

Não existe processo de desenvolvimento da organização sem a consciência, a realização e o comprometimento dos líderes. Devemos mudar o modelo em que profissionais de áreas de desenvolvimento são responsáveis por dizer o que faremos para ajudar os outros a evoluir, entregando essa responsabilidade ao líder. Portanto, ampliar a consciência sobre o potencial de aprendizagem, o nível de impacto positivo nos negócios e a importância que esse processo tem para todos não pode ser uma ação delegada a outras áreas da empresa. De fato, todos podem ajudar o líder, mas ele é o principal responsável pelo crescimento das pessoas que atuam na organização.

Para aqueles que têm poucos recursos, é recomendável buscar associações e instituições de classe, conhecer os planos de desenvolvimento por meio de seminários e palestras que podem ajudar na distribuição de recursos e oportunidades para que os profissionais tenham acesso.

Quais talentos vivem diariamente seus valores e podem ajudar a propagar o conhecimento?

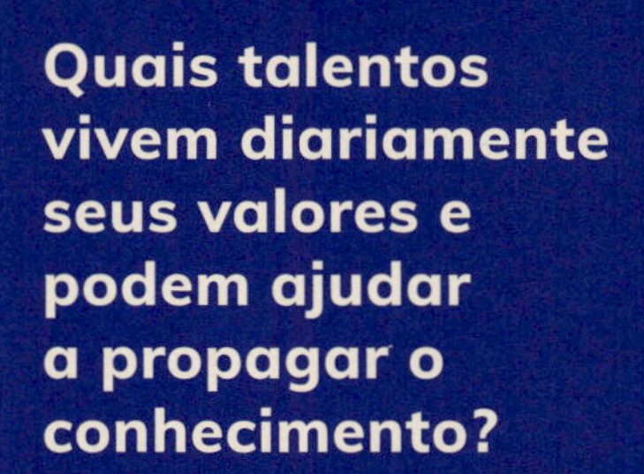

Quais especialidades em sua organização podem ser estruturadas para que sejam compartilhadas com outros profissionais?

Como proporcionar desenvolvimento pessoal por meio do diálogo, da transmissão de conhecimento e de processos de mentoria para que as pessoas aprendam ao ensinar ou aprendam com quem já viveu as experiências?

Cuidar

O ato de cuidar das pessoas está além de fornecer benefícios e recursos para o trabalho.

Cuidar é um gesto de respeito e ajuda a ampliar a consciência sobre o que representa cada ser humano em uma organização, sobre os indivíduos que dedicam o melhor de seus talentos todos os dias para conquistarmos o sucesso.

Em certos ambientes, não existe o mínimo de respeito. E não adianta compartilhar diversos recursos e benefícios com as pessoas se na essência elas estão infelizes e perdem o que há de melhor em si, que são a energia e o engajamento para contribuir.

Fornecer recursos às pessoas pode deixá-las satisfeitas, mas os ganhos desse tipo de relação são temporários, porque logo elas retornam ao seu estado de consciência e avaliam se o ambiente é próspero e se há oportunidade de se sentirem bem ou não.

Em muitos ambientes de trabalho existem métricas de desempenho que medem os diversos fatores que refletem a gestão, entre eles índice de acidentes e segurança, *turnover*, absenteísmo e vários outros indicadores seguidos à risca pelos gestores tradicionais.

Existe um fator que ocorre dentro das empresas todos os dias e que só poderia ser avaliado se tivéssemos um medidor de acidentes emocionais. **É lamentável saber que, no geral, as pessoas voltam para casa todos os dias saudáveis fisicamente, cuidadas pelos indicadores de desempenho que medem fatores controláveis, mas, infelizmente, muitas seguem com ferimentos na mente ou no coração, adquiridos pela falta de qualidade nas relações com colegas e gestores, que pouco se importam com os danos causados às emoções. Esses fatores não são observáveis a olho nu, podendo ser monitorados apenas de dentro para fora, priorizando o que sente o coração. No entanto, diversas relações são tão frias, rígidas e ácidas que torna impossível ao causador reconhecer o que fez ao seu semelhante.**

Em nossas conversas com as pessoas, sempre encontramos sugestões de melhorias nas ferramentas de trabalho. Quando elas adquirem mais confiança,

surgem também muitos comentários relacionados ao estilo de liderança e ao nível de respeito nas empresas.

Geralmente, a falta de respeito é exemplificada como a ausência de um simples bom-dia por parte dos líderes. Não menospreze nenhum pequeno comentário, porque a ausência do bom-dia é algo comum nos ambientes com baixo nível de engajamento. Mesmo que as pessoas envolvidas afirmem que essa queixa é desnecessária, recomendo avaliar o sentido do bom-dia e fazer algumas reflexões.

Reforçando nossa teoria da conformidade social, quero recordar como aprendemos a cumprimentar as pessoas todos os dias.

Voltando para o passado, lembre-se de que, na infância, você chegava aos ambientes e seus pais insistiam para que dissesse bom dia, boa tarde e boa noite para os presentes. Aquele pedido era parecido com uma tortura e você precisava reunir todas as suas forças para fazer um cumprimento tímido, agarrando-se à roupa da mãe ou do pai, que insistiam para que você falasse com as pessoas. Então você soltava um bom-dia acanhado e quase inaudível. Eram momentos desafiadores e você sempre ouvia que aquele bom-dia era um gesto de educação e obrigação e, portanto, deveria realizá-lo sempre.

Ao crescer e entender seu papel na sociedade, o hábito de dar bom-dia acompanhou você. É comum observarmos adultos expressando seus cumprimentos sem direcionar o olhar às pessoas, falando em voz baixa e cumprindo com a obrigação de ser apenas educado. Em alguns ambientes de trabalho há quem diga "bom dia" emendando perguntas como: "Já está pronto o relatório?", "Temos algum status do projeto?". Desse modo, as pessoas sentem que não nos importamos com elas.

Nem sequer fazemos uma reflexão sobre o que representam essas duas palavras. Bom dia! Boa tarde! Boa noite! De fato, a expressão significa um desejo que expressamos para a outra pessoa e, se for verdadeiro e consciente, devemos encher o pulmão e expressar nosso bom-dia com muito entusiasmo, levando para as pessoas o nosso desejo genuíno de que o dia delas seja fabuloso. Que seja o melhor dia da vida, pois assim é, porque é o dia presente.

Arrisque avaliar sua maneira de dizer bom dia e busque transformar seu ato de cumprimentar as pessoas em um desejo genuíno. Note como um pequeno gesto que realizamos todos os dias muda a

nossa relação com quem está ao redor e entenderá que o reconhecimento de um líder ocorre não em um momento, mas na consistência e na coerência do que ele demonstra diariamente.

Ao crescer e conquistar seu espaço como adolescentes, o que as pessoas perdem primeiro é a consistência de dizer bom dia. Infelizmente, deixamos de manifestar esse desejo primeiro para aqueles que mais amamos, quando substituímos nosso ato de amor e carinho por diálogos repetitivos, avisando que estamos atrasados, querendo saber se o café está pronto, alertando para algo que falta, falando sobre os compromissos do dia. E assim esquecemos de deixar nossa melhor energia com as pessoas das quais jamais gostaríamos de nos separar.

O fenômeno é bastante simples. Vamos perdendo as pessoas dia após dia. Mecanizamos nossas relações e passamos a eternidade tentando entender o que mudou, quando de fato não foi um motivo único, e sim a perda gradual da nossa consistência em manifestar carinho ao próximo e a falta de consciência sobre o que realmente significa um simples cumprimento.

Esse pequeno exemplo demonstra a fragilidade da nossa consciência no relacionamento com as pessoas. Essa falta de consciência nos tornou seres automáticos, que excluem os sentimentos e as emoções no contato com o outro, assumindo papéis mentais e cumprindo cada um deles de maneira exemplar. Porém, esses papéis também comprometem a capacidade de pensar sobre os nossos atos, e acabamos vivendo sequências sem sentido.

Toda essa conversa reforça nosso entendimento de que **realizar tudo com simplicidade não é simples**.

Devemos nos importar realmente com nossas pessoas. O reforço diário dos laços de cuidado e afeição que nos unem são a fonte que nos alimenta todos os dias. Precisamos entender nosso papel nos sonhos, nas necessidades, expectativas e alegrias daqueles que nos cercam. Eles esperam de nós que compartilhemos uma atitude humana, acessível, calorosa, atenta e amigável.

Devemos assumir que o que move uma empresa e lhe dá vida são, sem dúvida, as pessoas que nela trabalham. **Gente é o que há de mais importante em uma organização e, nesse caso, não os chamo de ativo. Gente vem e vai, gente escolhe, gente insiste e desiste. São propulsores que dão vida. Olhar cada indivíduo como um ser humano**

completo e único é o primeiro passo para tratá-lo com respeito profissional e cuidado pessoal. Somos seres complexos, e não meras ferramentas de trabalho, por isso temos nossas expectativas e planos. Cuidar das pessoas é assumir o cuidado em termos de essência, sentimentos e emoções. É preciso entender que a vida acontece na organização. Então, **recomendo mudar o conceito "qualidade de vida" para "vida de qualidade". O primeiro fomenta o equilíbrio entre o bom e o ruim; já o segundo fomenta a vida de maneira integral, tendo qualidade em todos os aspectos e momentos**.

Precisamos sair do discurso da valorização do esforço para realmente valorizarmos as pessoas por tudo o que elas entregam.

Já tive muito receio de sair no horário em algumas organizações, porque relacionavam comprometimento com o volume de horas trabalhadas. Essa sempre foi a pior negociação da história, pois os indivíduos cumpriam o papel do esforçado, mas isso nunca teve nenhuma correlação com compromisso. O comprometimento consiste inclusive em não desperdiçar recursos e energia quando desnecessários, para que as pessoas possam canalizar sua força na busca do melhor desempenho e do sucesso profissional.

Muitos líderes exigem comprometimento, como se as pessoas tivessem de agir de maneira comprometida por razão nenhuma, apenas por fazer algo voluntariamente e com elevado grau de dedicação, sem que ninguém tivesse de pedir. Despertar o compromisso é muito diferente do que os gestores esperam de maneira espontânea em todos os cantos. O compromisso começa com um ato de compra, um desejo de fazer algo intensamente, e desconheço pessoas que compram sem saber o que é, para que serve e para onde vamos com isso.

Para comprarmos algo é necessário que nosso interesse seja despertado, e para isso o objeto em si deve provocar esse desejo ou alguém precisa nos mostrar o quanto aquilo é importante. O despertar do compromisso inicia no ato de reconhecer o que é importante para o indivíduo, inspirar e ajudar o outro a comprar.

Quando a pessoa entende que o que ela faz está conectado com seus sonhos e com um propósito que pode beneficiar uma infinidade de pessoas, ela abre a mente para o fato de que seu trabalho contribui para algo maior, então compra a ideia e tem o desejo de fazer o que faz todos os dias para se tornar também um agente de transformação.

O esforço contínuo e consistente nos conduz à excelência. No entanto, esse esforço sem sentido e sem a consciência de quem o realiza, ao contrário de gerar excelência e superação, causará dor, sofrimento e estresse. Ter cuidado com as pessoas é saber que nossas relações não são apenas profissionais, mas também que o trabalho poderá ajudar as pessoas em seu desenvolvimento e proporcionar momentos mágicos no dia a dia.

Ao individualizar nossa atenção para entender cada pessoa como ela é, reconhecer que cada uma tem a própria história de vida, as próprias expectativas e crenças, poderemos também customizar nossas práticas para que representem o maior valor possível para cada ser humano.

Para exemplificar, posso falar sobre um programa trainee em que as empresas contratam jovens em formação ou recém-formados para iniciar sua carreira profissional por meio da gestão de projetos e com um modelo de aprendizagem e experiências profissionais bastante orientado para quem está exatamente nessa fase da vida. Iniciativas como essa ajudam na integração das pessoas na organização, estabelecem programas de mentoria e coaching e proporcionam rodízios para que haja ampliação da visão sistêmica nas empresas.

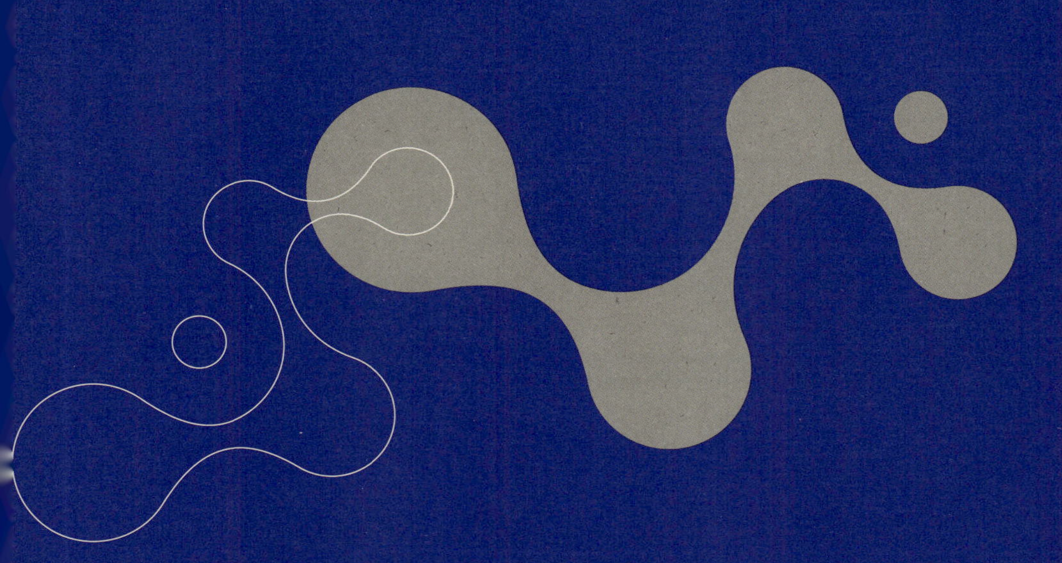

Somos seres complexos, e não meras ferramentas de trabalho, por isso temos nossas expectativas e planos. Cuidar das pessoas é assumir o cuidado em termos de essência, sentimentos e emoções.

Executar com excelência essas etapas e proporcionar condições para que as pessoas apresentem resultados aos seus gestores, colegas de trabalho e dirigentes certamente tornará o programa incrível.

Mas sempre temos a chance de surpreender. Quando falamos em cuidar, precisamos pensar na importância que isso tem para o indivíduo. É como fazer alguém sonhar com aquele momento mágico. **S.O.N.H.A.R. (singular, original, notável, humano, altruísta e relevante)** é uma ferramenta importante para garantir que cuidamos do ser humano em todas as nossas ações. Se temos esse princípio internalizado, e se ele faz parte de nossas práticas do dia a dia, facilmente faremos perguntas que nos ajudarão a encontrar o melhor caminho para que as pessoas sintam de fato o cuidado que dedicamos a elas.

Como poderemos ajudar as pessoas a sonhar durante muito tempo com o nosso projeto e levarem para sempre na memória essa experiência?

Buscando entender o que diferencia cada participante, podemos perguntar aos líderes: "Quem é a pessoa mais importante na vida dessas pessoas?", "Com quem elas viveriam emoções inesquecíveis ao fazer sua apresentação para encerrar um ciclo?". Com essas respostas, começaremos a entender como criar um momento singular, pois não será fácil para essas pessoas viverem a mesma emoção novamente. Podemos manter todos os demais integrantes dos processos padrão, mas também podemos incluir aqueles que mais importam para os participantes que serão as estrelas do encontro. As respostas podem ser distintas, como mãe, tio, avó, amigo e várias outras pessoas que não imaginaríamos.

Esse é um primeiro passo na mudança de foco no cliente para o foco do cliente. Entender o que realmente importa para os colaboradores é fundamental. A resposta padrão dos gestores pode ser a família, mas aqueles que conhecem a singularidade de cada membro da equipe sabem que vai além disso. Fazer uma apresentação para a pessoa mais importante em minha vida não impede que eu também tenha meus pais e irmãos para ampliar a minha felicidade; isso tratá um valor especial para mim e tornará esse momento a realização de um sonho.

A **originalidade** nos ajuda a quebrar as regras da repetição de programas padronizados, tornando cada novo momento uma representação da combinação da singularidade de todos. Pode-se mudar o local da apresentação, a forma como as pessoas conversarão e a maneira como faremos a interação com os convidados. Dar um toque especial para que as pessoas percebam aquela experiência como personalizada fará toda a diferença para que o "como" seja incomparável e inesquecível.

A realização traz a sutileza de algo surpreendente e com elevado nível de excelência para que as pessoas entendam que tudo foi cuidado com carinho para que tenha muito valor para cada indivíduo presente. Tornar o momento **notável** incitará uma explosão de admiração em cada pessoa, e todos levarão essa imagem por muito tempo.

Tornar o momento **humano** é entender o espírito que representa a melhor energia para cada instante. Uma ocasião valiosa para quem estiver presente e para aqueles que não estiveram por lá. Faremos as pessoas sonharem com um momento concreto e justo para todos, e isso cercará a atmosfera com os melhores desejos. Quem está vivendo a experiência merece estar ali e é apoiado por todos.

Quem promove o momento é o dono da magia, portanto não cumpre um papel. Faz não por si próprio, mas por reconhecer a importância do outro, e promove a melhor experiência possível para o outro porque deseja genuinamente que a pessoa viva isso em sua vida. Exerce o **altruísmo** de maneira sincera, para que a outra pessoa receba tudo o que há de melhor no universo e leve consigo as melhores recordações desse momento, pois ele foi desenhado para ela exercer o seu protagonismo.

Tornar o momento **relevante** é o que fará a grande diferença entre um elogio ou feedback positivo corriqueiro e uma experiência inesquecível. Criar um instante mágico para alguém é entregar o melhor de si para gerar um momento que a outra pessoa deseje que dure a vida inteira.

O encerramento do nosso programa trainee pode ser um evento comum e que se repita todos os anos, mas com um desenho inovador e que surpreenda as pessoas ao promover o encontro delas com aqueles que mais importam em sua vida, a fim de compartilhar sua jornada e seu sucesso, e incluir cada um deles em uma atmosfera de conexão com todos que são relevantes na organização.

Às vezes nos perdemos criando programas complexos, com elevados investimentos, que estressam as pessoas e se encerram sem ter promovido conexão emocional alguma. Alguns desses eventos trazem discursos de dirigentes e são conduzidos com vários protocolos. Mas o que devemos lembrar é que o caminho para gerar boas e más memórias começa pelo **despertar da emoção**.

Podemos fazer diferente! Às vezes, apenas o transporte de um ponto a outro pode marcar uma história por facilitar o encontro com as pessoas que amamos. **Nos conectamos mais ainda emocionalmente com a organização na qual vivemos as melhores experiências profissionais.**

Por vezes, preocupamo-nos em obter recursos para executar nossos projetos e esquecemos que tudo está disponível, que a maioria dos eventos não precisa de nenhum recurso especial para ser realizado. Temos as pessoas que amamos, e adoramos nos conectar com elas, mas há sistemas e processos que estabelecem relações contratuais e aplicam procedimentos técnicos como se isso fosse forçar ou influenciar o comportamento das pessoas.

Conectar-se com as pessoas e a qualidade dessas interações determinará a qualidade do ambiente em que vivemos. Quando temos necessidade de criar procedimentos e políticas para que o comportamento dos profissionais seja modelado, estamos seguindo padrões e crenças errados. Quanto maior a qualidade das relações, menos precisaremos de documentos para regular atitudes e compromissos. E o compromisso nasce da aceitação de algo que é importante e relevante para nós.

Pagar salários em dia não é nenhum ato especial. É uma obrigação com base na relação de trabalho. Há gestores que dizem que pagam o salário do mercado, mas querem que as pessoas entreguem o extraordinário. Tem algo errado nessa equação. A falta de coerência está nas pequenas coisas.

Nossa jornada não é formada por eventos grandiosos e complexos que pretendem conquistar o amor das pessoas a fim de que elas façam o que fazem e se conectem com as organizações. Os detalhes são transformadores, e detalhes percebidos e valorizados consistente e constantemente farão a grande mudança em algum momento da nossa história e não permitirão que retornemos ao *statu quo* do passado, dando origem a novos hábitos e novos padrões de relacionamento.

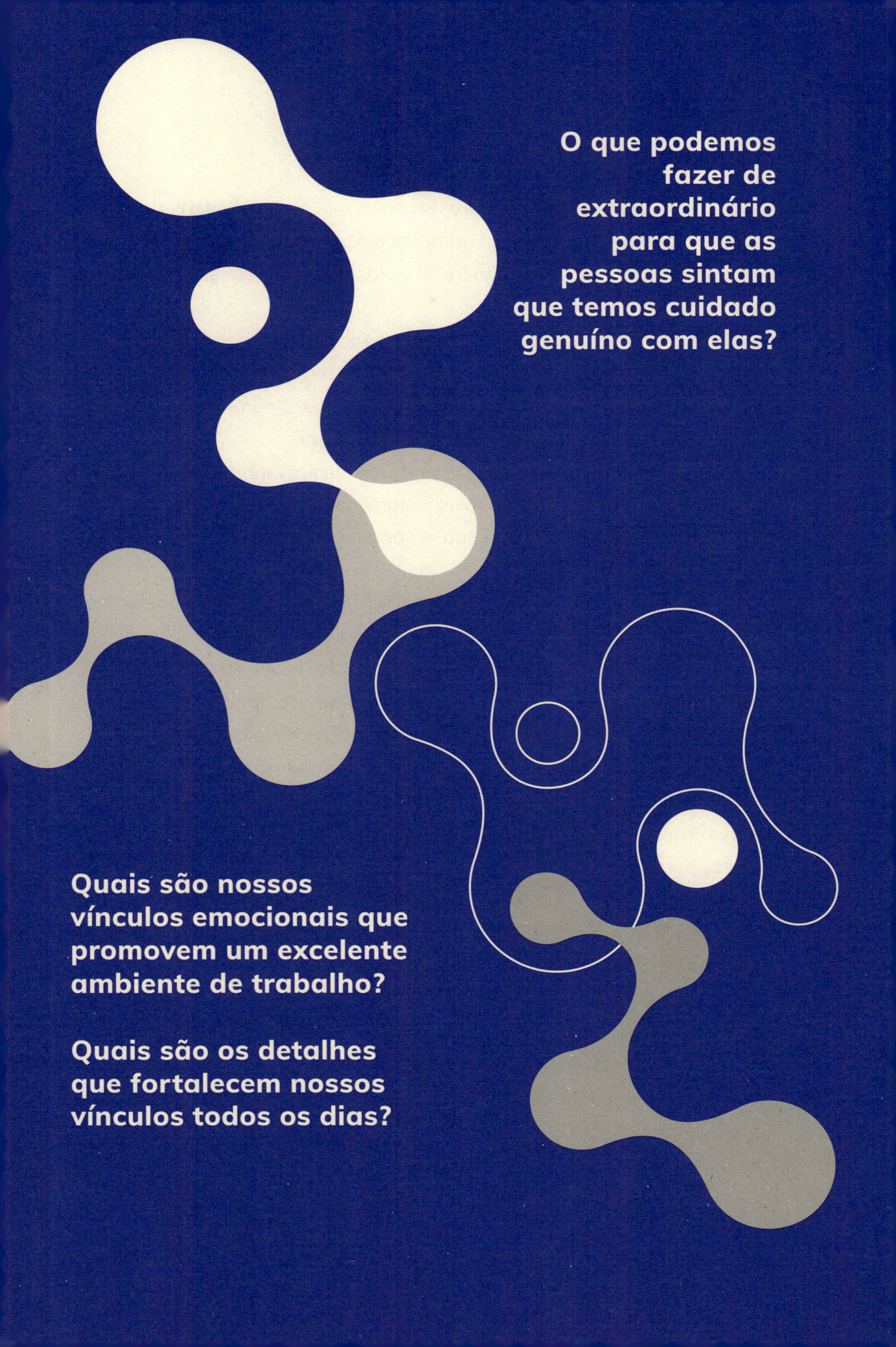

O que podemos fazer de extraordinário para que as pessoas sintam que temos cuidado genuíno com elas?

Quais são nossos vínculos emocionais que promovem um excelente ambiente de trabalho?

Quais são os detalhes que fortalecem nossos vínculos todos os dias?

Agradecer

Escuto as pessoas intensificarem o uso do termo "gratidão", e a cada dia que passa expressamos mais esse sentimento tão profundo. Mas as organizações ainda tratam o termo com desmerecimento, por isso precisamos conversar sobre ele.

Apresentamos padrão semelhante em relação a outras duas palavras: recompensa e reconhecimento. As pessoas fazem algo extraordinário nas organizações em que atuam, e por causa da relação econômica com o trabalho que exercem, esperam uma recompensa financeira.

Considerando o fato de que estamos vivendo em ambientes econômicos que geram rentabilidade, nada mais justo do que compartilhar com alguém o resultado obtido, recompensando-o por sua contribuição. Portanto, todos nós validamos essa prática.

Mas, recordando a teoria de Maslow, o ato da recompensa está diretamente relacionado com a base da pirâmide e provê as necessidades básicas, além de ampliar a segurança. A mesma teoria nos lembra de que fatores sociais são fundamentais para a nossa qualidade de vida e estão diretamente ligados à autoestima. Portanto, quando fazemos algo meritório e relevante, é importante que esse fato chegue ao conhecimento de outros para que o grupo social também reconheça esse magnífico trabalho. Esse será mais um fator que reafirmará a satisfação da pessoa.

Essa perspectiva é interessante, porque vai além de nortear a diferença entre a recompensa e o reconhecimento. A recompensa pode ser um ato individual, mas o reconhecimento requer tornar público e levar esse mérito para o conhecimento de outros integrantes da empresa.

A primeira lição para nós é que não será reconhecimento enquanto não tornarmos pública a realização.

Você pode criar várias plataformas de recompensa e de reconhecimento, como eventos privados ou públicos. O primeiro movimento demonstra seu padrão de justiça com o elevado nível de colaboração, no entanto o grau de felicidade e satisfação tem duração limitada.

As plataformas de reconhecimento público, por outro lado, além da felicidade momentânea, trazem outros fatores psicossociais que geram a

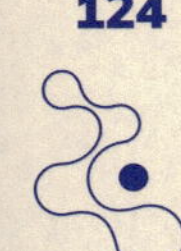

admiração de um grupo. Portanto, eles têm maior duração e, em alguns casos, permanecem reforçados na memória por uma vida.

E a gratidão? Calma, calma, calma! Ela pode estar presente tanto na recompensa quanto no reconhecimento, porém pode seguir sozinha, independentemente da presença de ambos.

Desenvolver um sentimento de gratidão nas pessoas é uma verdadeira transformação no modelo mental e nas crenças pessoais, causando elevado impacto nos ambientes de negócio. Como afirmei no início deste tópico, a gratidão não é um ato, é um sentimento que não depende da realização de um grande feito ou de um enorme resultado. É despertar as pessoas para movimentos e fenômenos que as moldam dia após dia, segundo após segundo. É o ato de reconhecer tudo o que nos beneficia de alguma maneira.

A gratidão amplia o contexto porque está diretamente relacionada ao reconhecimento de tudo que está em torno de nós e que promove nossa realização. **A gratidão reconhece os resultados da experiência, considera o impacto positivo que tivemos e manifesta um sentimento de agradecimento por aquele instante que nos proporcionou mais uma etapa de evolução.**

Não estou aqui enaltecendo tudo o que acontece em nossa vida à moda de Poliana, como se vivêssemos em um mundo de fantasia e sem problemas. Mas quero mostrar que é preciso ter gratidão por tudo o que nos torna um ser humano melhor. Nosso processo de transformação não ocorre na zona de conforto. **Nossa evolução se dá pela possibilidade de enfrentar novos desafios, aprender com a experiência e estabelecer um novo padrão de quem somos a partir daquele momento.**

Esse processo de evolução está acima da aceitação de tudo. Há coisas, fatos e ações que são negativos, provocados por outras pessoas, e que também são necessários para caminharmos rumo à evolução. Precisamos reconhecer que estamos diante de uma situação que nos movimenta, entender a transformação que ela nos traz e agir com padrões diferentes depois daquela experiência. A questão é: como eu, diante dessa situação, poderei ter um resultado melhor do que quando tudo começou? No fim, **sentimos a gratidão por vivermos uma experiência que nos diferenciou**.

Aceitar a situação, manter-se no mesmo padrão e não reconhecer a oportunidade de evolução, continuando a reclamar do que está vivendo fora da zona de conforto não é positivo e não contribui para você se tornar um ser melhor. Portanto, agradecer a ocorrência do negativo e manter-se nele não é o que chamo de gratidão.

Exercitar o sentimento de gratidão em uma organização é reconhecer que todos os dias despertamos para ter um encontro com outras pessoas, e viver em sociedade é um desafio essencial, tanto quanto realizar nossas tarefas e avançar dentro de um ciclo de melhoria contínua. Todos os dias vivemos experiências que não vivemos antes. As situações sairão do controle e a nossa maneira de lidar com elas é o fator que nos proporciona evoluir e crescer.

Mais uma vez, deparamo-nos com o princípio de "evoluir e servir" e, de maneira mágica, nos tornarmos melhores diante dos desafios que enfrentamos diariamente. Nenhum dia é igual ao outro nesta jornada de crescimento. Portanto, devemos demonstrar gratidão por todos os momentos e pessoas desafiadoras, porque contribuem com a nossa jornada.

Quando despertamos o sentimento da gratidão, reconhecemos as contribuições de nossos colegas, ampliamos a nossa consciência em relação ao papel da liderança e aprendemos que o ato de servir diariamente nos proporciona experiências mágicas e transformadoras.

Desenvolvemos o sentimento de gratidão por meio do exemplo e de líderes e colaboradores que já reconhecem a importância da vivência diária para a nossa formação como seres humanos. Desenvolvemos a gratidão por meio do diálogo com as pessoas, que nos ajuda a despertar para a importância de cada desafio, do que fazemos com eles e de como lidamos para superá-los de maneira consciente, ampliando nosso portfólio de competências e nossa bagagem intelectual para lidar com situações adversas.

Exercendo nosso papel como líderes, devemos sempre estimular perguntas como: "O que você aprendeu com esta experiência?", "O que este momento/situação/diálogo despertou em você que o leva a acreditar que pode agir melhor de agora em diante?".

As pessoas são carregadas de intenções positivas. Cada um ensina à sua maneira e, ao reconhecer as diferenças, despertamos gratidão por tudo aquilo que nos conduz a um novo patamar.

Os atos de recompensa
geralmente são
fundamentados em:

AÇÃO POSITIVA +
RESULTADO TANGÍVEL POSITIVO
= RECOMPENSA

Os atos de reconhecimento
geralmente são fundamentados em:

AÇÃO POSITIVA +
RESULTADO QUALIFICÁVEL OU NÃO, POSITIVO
= RECONHECIMENTO

A gratidão traz um outro olhar para tudo:

AÇÃO POSITIVA OU NEGATIVA
QUE GEROU RESULTADO POSITIVO
= GRATIDÃO

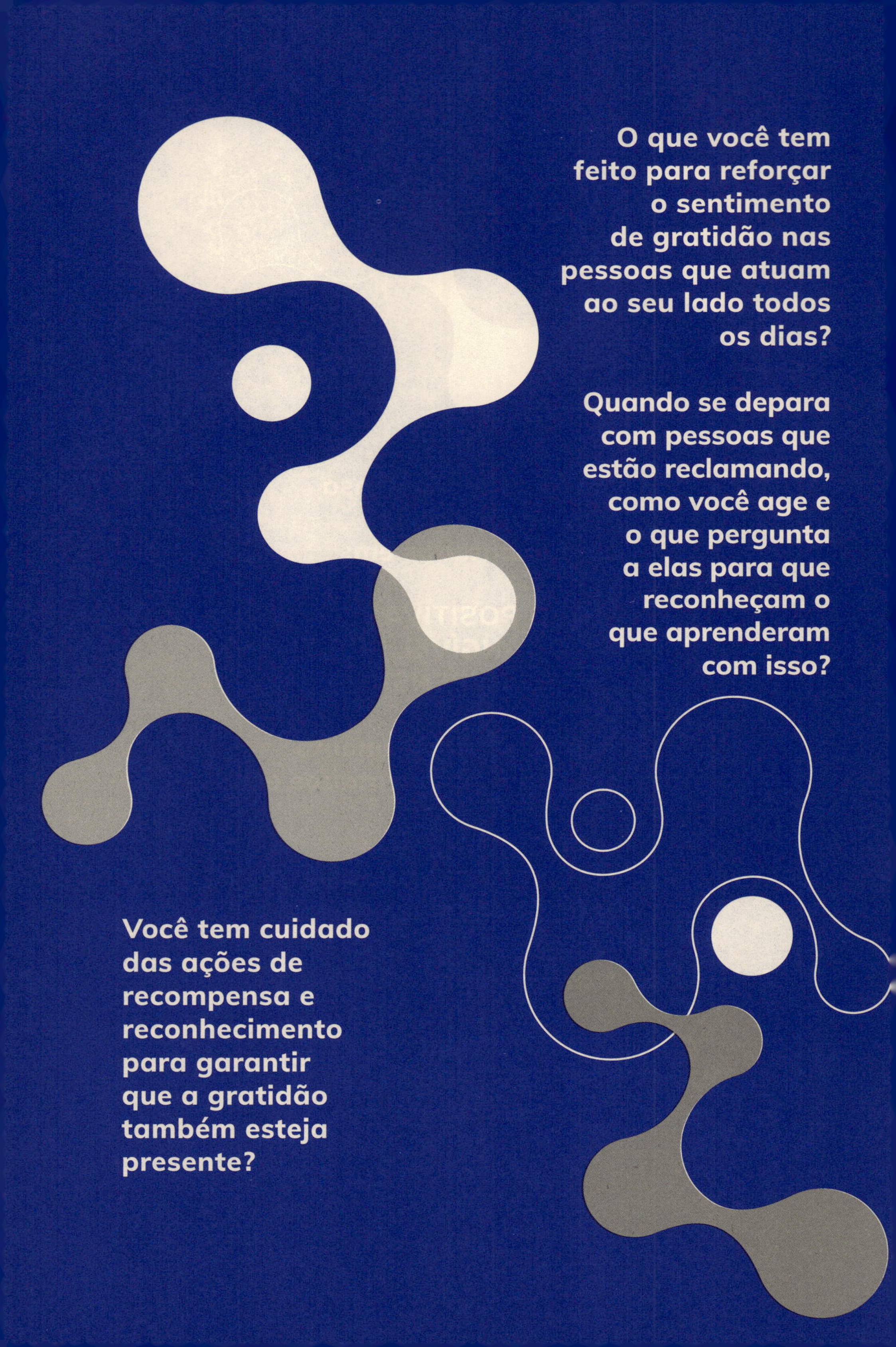

O que você tem feito para reforçar o sentimento de gratidão nas pessoas que atuam ao seu lado todos os dias?

Quando se depara com pessoas que estão reclamando, como você age e o que pergunta a elas para que reconheçam o que aprenderam com isso?

Você tem cuidado das ações de recompensa e reconhecimento para garantir que a gratidão também esteja presente?

Compartilhar

Quando falamos sobre a importância de compartilhar com o ambiente e a sociedade, há quem diga que "adoraria, mas infelizmente não têm os recursos para realizar ações sociais naquele momento".

Compartilhar está muito além do que você investe. O mundo precisa de mais recursos e quem pode tem o dever de contribuir. Mas limitar-se ao espírito de doações é perder o potencial que uma cultura de compartilhamento pode formar em sua organização.

Frequentemente temos algo que podemos doar, mas nem sempre é algo material. Precisamos sair da limitação do pensamento de que doar requer recursos e que sem eles nada podemos fazer.

Sim, estamos falando de recursos, porém nem todos são materiais. Temos duas fontes de recursos inesgotáveis que podemos compartilhar sempre e que são valiosos no mundo: nossa experiência de vida, com superação profissional, emocional e de aprendizagem, que ajudará outras pessoas que podem adaptar nossa experiência aos seus momentos e necessidades para ajudá-los a prosperar; e a nossa capacidade de dar atenção e também beber da fonte das boas experiências, obtendo grandes oportunidades de solução para a nossa vida. Podemos iniciar com uma doação especial, compartilhando nossa atenção com alguém, ajudando a elevar sua autoestima, valorizando-o e satisfazendo-se por servir também.

Além desses fatores, podemos avaliar tudo o que fazemos no dia a dia e entender como essas atividades, ao final, podem servir à sociedade por meio da melhor utilização dos recursos para atingir a excelência – e isso em uma economia circular, para que todos ganhem e não geremos desperdício. As demais pessoas poderão ser beneficiadas em alguma parte do processo porque, ao conduzi-lo, poderemos incluí-las, desenvolvê-las ou distribuir recursos para elas.

Inclusão é abrir nossas portas para reduzir as diferenças sociais; e dar oportunidade para todos é fundamental para compartilhar o nosso potencial de servir como organização.

A iniciativa de integrar nosso processo com instituições que dedicam sua existência ao desenvolvimento de pessoas em busca de oportunidades e inclusão social reformulará as crenças internas e comungará necessidades reais da sociedade. Desse modo, podemos ampliar a consciência para que todos sejam responsáveis por todas as etapas de acesso à nossa organização, porque, ao reconhecer a causa e a necessidade do outro, criamos empatia e iniciamos uma jornada para buscar soluções efetivas, a fim de corrigir o distanciamento entre os indivíduos.

A criação de grupos responsáveis pela pluralidade e diversidade nas organizações, estimulando líderes e voluntários para que as ações sejam autônomas e as equipes construam soluções para os desafios da inclusão, ampliará a força das iniciativas, promoverá respeito e formará uma legião de apoiadores. Assim, as ações de inclusão terão prioridade.

Desse modo, ao fazer recortes trimestrais sobre o status e a força da transparência e das práticas adotadas, notamos que não apenas reforçamos a inclusão, mas ampliamos a consciência de todos que já atuam na organização, fazendo uma importante mudança no modelo mental. **Ao atuar de maneira conjunta, encontramos espaço para ampliar a empatia, e isso conecta as pessoas com causas maiores. Assim transformamos o mundo juntos.**

Aos poucos os processos de aproximação com os grupos que necessitam de inclusão, a revisão dos processos seletivos e a busca pela representatividade no ambiente organizacional ampliarão nossos compromissos coletivos e proporcionaremos um ambiente de acolhimento. Além disso, contaremos com maior diversidade nos representando e obteremos os melhores resultados nos negócios, porque **o pensamento diverso nos fortalece e traça soluções jamais imaginadas**.

A inclusão, a diversidade e – retomando – o compartilhamento de conhecimentos consistem em dar oportunidade de formação para todo o ecossistema, lembrando que o melhor produto que temos é a capacidade de contar histórias de superação que envolvam a organização e as pessoas que nela atuam.

Em todos os ambientes e instituições há pessoas que necessitam de ajuda para se desenvolverem. **Inspirar as pessoas a compartilharem seus talentos fortalecerá os talentos de outros.** As organizações geralmente se fecham em busca de proteger seu conteúdo e acabam tornando alguns pontos estritamente confidenciais, impedindo que as pessoas aproveitem todo o restante ao compartilhar com o mundo.

Compartilhar seus fatores de sucesso proporcionará um modelo de gestão que pode transformar outras organizações e pessoas, tornando-as melhores. Isso reforçará a imagem, reforçará os ambientes de negócio, reforçará a cadeia de fornecimento, reforçará tudo ao seu redor.

Ambientes acadêmicos estimuladores de melhores profissionais reduzirão o tempo de formação das pessoas quando elas estiverem atuando com você; fornecedores mais bem desenvolvidos ampliarão o potencial dos produtos e serviços de sua organização, otimizando seu desempenho em todas as áreas.

Proteja seus segredos, mas não torne a empresa um enorme mistério, porque isso o impedirá de aprender com os outros e compartilhar o que vocês têm de melhor para servir ao mundo.

O conceito de **economia circular** traz muitos benefícios para todos, inclusive a oportunidade de integrar outros negócios ao nosso ecossistema. Algo é bom quando todo o ecossistema se beneficia.

Trazer parceiros estratégicos e sociais para integrar o ecossistema nos ajudará a incluir apoiadores para a transformação do negócio e a reposicionar nossa atuação com um enorme potencial de valorização estratégica, em que o nosso modelo de negócio serve à sociedade e ao ambiente em toda a sua cadeia.

Por exemplo, organizações lidam com seus rejeitos e descartes todos os dias, e podem encontrar soluções financeiras para casos como esse ou simplesmente os entregar para o mundo. No entanto, devemos sempre lembrar que tudo o que descartamos não desaparece, apenas é depositado em algum lugar e tratado como inútil. Costumo dizer para as pessoas que seria muito interessante se todos tivessem de caminhar por aí carregando o próprio lixo. Aos poucos diminuiríamos a distância de nossos trajetos e talvez, para garantir a mobilidade, reduziríamos a quantidade de recursos que descartamos no mundo.

As organizações precisam abrir a mente para encontrar soluções sustentáveis para o mundo não entrar em colapso. Integrar processos ao ambiente em que operamos para buscar soluções inovadoras inverterá o caminho e, assim, teremos negócios realmente sustentáveis.

É fato que, diante do contexto atual, agir sem preocupação com a economia circular ainda é fator de vantagem para muitas empresas interessadas apenas na busca incansável pelos índices de lucratividade. No entanto, devemos sempre lembrar daquelas 250 maiores empresas da *Fortune* que perderam seu lugar de destaque apesar de terem sido negócios relativamente grandes. Como afirmou Abraham Lincoln, "você pode enganar todo o mundo por algum tempo, ou algumas pessoas o tempo todo, mas não pode enganar todo o mundo o tempo todo." Se deseja que seu negócio traga contribuição e deixe um legado para a humanidade, é importante repensar e reposicionar suas decisões e aumentar o seu potencial de compartilhar com as pessoas.

Seu segredo o impede de fortalecer o ecossistema à sua volta?

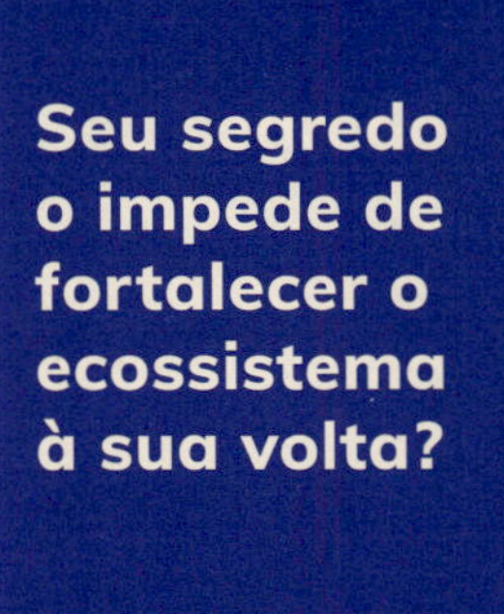

Como você propaga o conhecimento e as histórias de superação que as pessoas em sua organização vivem?

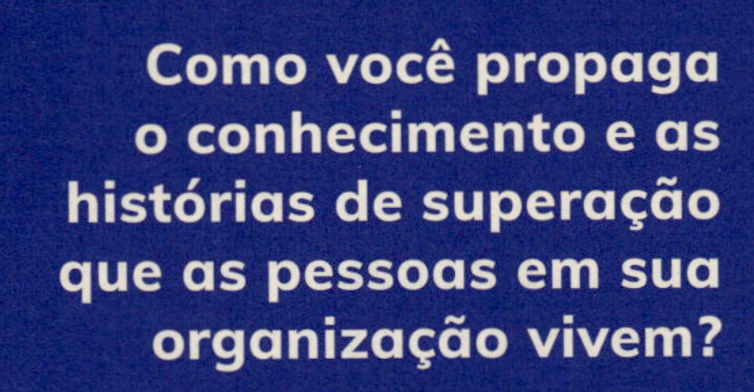

Como você se integra às soluções que o seu sistema externo e a sua comunidade podem lhe proporcionar?

LIDERANÇA HUMANIZADA: A ENERGIA QUE PROPAGA E TRANSFORMA VIDAS

Ressignificando a arte de liderar

Muitas pessoas acreditam que liderar é a pura interação entre chefe e subordinado, entre alguém de um nível superior e alguém de um nível inferior, como se a liderança pudesse ser medida pela hierarquia no contexto social. Acho que é por esse motivo que valorizam tanto as estruturas organizacionais, como se elas definissem quem tem o poder para liderar e quem não tem.

É fato que a arte de liderar tem em sua equação duas pessoas, para que o exercício da liderança possa acontecer – ainda que seja possível dizer que alguém pode liderar a própria vida. Para ser bastante original, concordo que alguém possa liderar a sua vida, mas há muita discussão sobre isso. Existem outras versões de valorização desse ato, destacando o bom planejamento, a disciplina e muitas outras competências que fortalecerão a individualidade, mas não necessariamente impactarão a vida de outra pessoa de maneira positiva.

Sendo assim, continuaremos com a magia da liderança por meio da contribuição para que outro ser humano possa se tornar uma pessoa melhor, e que esses avanços proporcionem prosperidade na condução de sua jornada.

A liderança humanizada se fundamenta em três alicerces importantes, pois o ato de liderar tem uma zona de impacto muito maior, já que abrange **a capacidade de construir o futuro, fortalecer os pontos fortes das pessoas e desenvolvê-las para o sucesso**.

Aqui na nossa conversa, vamos adicionar duas outras vertentes que precisam ser observadas nesse princípio da humanização, pois o processo de liderança não busca desenvolver apenas a pessoa – deve ir além e ajudar o líder a enxergar o entorno e o futuro de todos, atuando de maneira integrada para que o ecossistema inteiro seja beneficiado com a presença dele.

Alguns chamam esse líder de sistêmico, porque todos se beneficiam de suas ações; outros o chamam de líder ontológico, porque atua na essência da evolução do ser humano. Chamaremos esse tipo de liderança de humanizada, porque nossa teoria, e o que temos visto na prática, sugere que o ser humano tem vivido etapas de evolução. O primeiro estágio foi o vegetal e celular – não vou me aprofundar, porque isso nos conduziria a uma longa reflexão sobre a teoria da evolução das espécies. Em seguida, surgiu o nosso estágio animal.

O fato é que queremos nos afirmar como humanos, no entanto nossos hábitos e comportamentos ainda causam muita dor e sofrimento para quem está ao nosso redor, em todos os ambientes. Existe uma baixa tolerância para qualquer comportamento ou ato contrário aos nossos pensamentos e crenças, e acabamos nos entrelaçando em um mar de violência física e psíquica. Nos ambientes empresariais, com baixo índice de felicidade, satisfação e engajamento, encontramos nos resultados das pesquisas a afirmação de que as pessoas não são tratadas com respeito e admiração.

Esses fatores nos impõem a necessidade de promover uma humanização nos ambientes organizacionais, dando sentido ao papel de estruturação desses locais para a vida das pessoas, criando ambientes saudáveis e acolhedores que proporcionem o crescimento dos indivíduos e grupos em prol de uma sociedade melhor. Também deve-se considerar os fatores especificamente econômicos, estabelecendo padrões de relacionamento e contribuição coletiva integradores, sinérgicos e colaborativos, favorecendo a evolução individual nos aspectos físico, mental e espiritual – sem abordar a religiosidade, mas a razão de existir do ser humano e sua missão de vida com relação a si e aos seus semelhantes.

Liderar não está vinculado ao poder de mandar, cumprir e entregar determinado resultado, apesar de encontrarmos muitas pessoas em diversos ambientes corporativos que afirmem isso. Quero afastar o fantasma da liderança baseada em uma posição de competitividade, daquele que chega primeiro ou que ocupa um cargo superior ao dos outros.

Deixaremos de lado o cumprimento de papéis, atribuições e responsabilidades, destacando que a aptidão para fazer uma excelente gestão, garantindo o melhor desempenho dos diversos recursos de uma organização, também é fator admirável em um grande líder, mas não é somente o gerenciamento de recursos que determina o estado e nível dessa liderança.

Continuo afirmando que liderar não é o modo como você coloca as pessoas para fazer as coisas; a liderança nasce de um estado de espírito cuja missão principal é despertar outro ser humano para viver o seu melhor todos os dias, proporcionando sua evolução, honrando o seu momento presente e construindo as pontes para alcançar um futuro melhor para todos.

O que há de mais importante para o líder é o outro e tudo aquilo que o modo de gestão pode proporcionar para que o outro torne-se uma versão melhor de si mesmo, com consistência, todos os dias, transformando o pouco em muito, tornando cada ser grandioso.

Muitas pessoas desejam ser intituladas líderes, mas liderar não é um ato de conquista, e sim de reconhecimento: ou o outro o reconhece como tal ou você de fato não é líder. As pessoas o nomeiam de maneira genuína e não imposta, e não existe cargo em uma organização que detenha o poder de atribuir esse título. Apenas uma pessoa que se sente genuinamente liderada, que se reconhece como beneficiada pela liderança de alguém, que se sente ajudada em seu processo evolutivo – ampliando sua visão de mundo e seu propósito, inspirada a buscar o autoconhecimento e o autodesenvolvimento todos os dias, aumentando a consciência sobre a própria evolução pessoal e profissional – tem crédito para chamar alguém de líder. Esse reconhecimento é desejado por muitos, mas poucos o merecem e tornam-se a melhor referência para o desenvolvimento de outros.

Quando alguém conquista o status de líder, certamente traz consigo muitas características positivas. Em uma breve pesquisa sobre o diferencial da liderança, inclusive com destaque para aqueles que representam alto potencial para o futuro, encontramos três características fundamentais, destacadas por Ram Charan em seu livro *The High-Potential Leader*: pensar em larga escala, determinar de que precisam para fazer acontecer e compreender o ecossistema.[22] Destas, derivam-se uma infinidade de qualidades e competências que um líder

22 CHARAM, R. **The High-Potential Leader**: How to Grow Fast, Take on New Responsibilities, and Make an Impact. Nova Jersey: John Wiley & Sons, 2017.

deve ter – como confiança, visão sistêmica, coragem, entre outras. Portanto, há características comuns na atitude de um líder que causam impacto positivo em outras pessoas: a capacidade de construir pontes para o futuro, a habilidade de fomentar a inclusão e de promover sinergia com pessoas diferentes e o interesse pelo desenvolvimento do ser humano.

De fato, a denominação líder não combina com pessoas que não têm interesse e não admiram o ser humano, aquelas que entendem como dispendioso o tempo dedicado ao desenvolvimento de outra pessoa e não acreditam no potencial de evolução dos indivíduos, como se os seres humanos apenas causassem problemas, em vez de trazer soluções.

Admitir a importância do ser humano, seu potencial de adaptação e transformação, sua criatividade e a força de sua sabedoria, engajamento e harmonização para tornar os ambientes organizacionais melhores é o primeiro passo para que um líder conquiste seu tão sonhado reconhecimento.

Os processos e as práticas empresariais ainda criam situações desconfortáveis quando, por exemplo, promovemos pessoas para posições hierárquicas superiores, buscando formar líderes por meio de um processo de avaliação medido pelo desempenho técnico e, no fim, descobrimos que investimos em alguém que pode perfeitamente exercer um processo de gerenciamento de recursos, mas não tem o menor interesse ou habilidade em se relacionar com pessoas. Esse é o principal fator para a criação de ambientes hostis e tóxicos, em que colaboradores são descartados e tratados como recursos, em que há baixo índice de contribuição e comprometimento. Muitas organizações preferem investir na performance de seus processos seletivos e na agilidade das demissões para compensar a fragilidade existente na escolha de líderes.

Como está o engajamento das pessoas em sua organização?

Como é o seu processo de escolha de líderes?

O que as pessoas que você apontou para os cargos de gestão dizem sobre os demais quando estão falando (formal ou informalmente) com você?

Como os gestores da sua organização são vistos pelas pessoas que atuam nela?

Nitidez para a construção do futuro

Você com certeza já ouviu a metáfora que afirma que os líderes constroem pontes.

Quando os líderes estão conectados apenas com a tarefa e com os fatores em torno dela – como qualidade, agilidade, eficiência, tempo de execução e resultado esperado –, isso pode sim ser traduzido como um excelente desempenho no trabalho, mas o ato de liderar requer ir além do contexto da atividade. Deve revelar para todas as pessoas uma dimensão maior, pois, na condição de líderes, temos um olhar amplo sobre todo o contexto.

Curiosidade é uma característica importante para o líder construtor de pontes, porque ele quer entender o cenário à sua volta, conhecer tendências, reconhecer em que pode ajudar as pessoas no processo de evolução de cada uma e como pode despertar a consciência delas para a estrada que percorrem em sua jornada, ajudando-as a colocar alicerces que serão cruciais para que, no futuro, elas tenham as ferramentas necessárias para o sucesso.

É fato que o nosso melhor momento é o presente, porque é o único que temos, e o futuro é carregado de incertezas. No entanto, a qualidade de nossos passos, nossas ações e decisões no momento presente para projetar uma construção está diretamente ligada à inspiração proporcionada por um líder, que amplia a nossa visão e nos faz enxergar o mundo, fazer descobertas e construir novas respostas para tudo o que existe. Isso é libertador e nos dá a tranquilidade e a clareza para desenvolver nossos talentos, a fim de que seja possível tirar o melhor proveito da jornada.

A conexão com o futuro pode gerar ansiedade, e também pode despertar sonhos quase impossíveis. Porém, a consciência de quem somos e do nosso potencial de contribuição para conquistar aquilo que almejamos, de maneira consciente e dando passos além de nossa zona de conforto, admitindo as mudanças que estamos vivendo e o objetivo derradeiro do nosso caminho, poderá nos proporcionar felicidade em cada etapa – e um excelente líder ajuda a reconhecer cada passo.

Perguntas poderosas são aquelas que despertam a nossa consciência para um olhar que jamais imaginamos, e nos fazem ver possibilidades que ainda não cultivamos. Portanto, **um líder não é aquele que nos mostra o futuro de acordo com a sua visão, e sim quem amplia o nosso campo de visão para que possamos reconhecer o futuro que nós podemos construir a partir do nosso próprio olhar e conectados com as nossas experiências e trajetórias de vida**. Cada novo passo deve estar conectado com quem somos no momento atual, com o cenário em que vivemos e com a forma como podemos agir de maneira transformadora para criar uma nova realidade para a nossa vida, promovendo impactos positivos na jornada de outras pessoas.

Os colaboradores são treinados para dar as respostas que o ecossistema já construiu, mas as mentes brilhantes e disruptivas criam uma nova realidade a partir de tudo o que existe, transformando a realidade, criando novos cenários, sem se prender ao conformismo.

Para exercer essa força transformadora, é necessário expandir o campo de visão, ampliar as áreas de interesse e, mais do que isso, desenvolver a capacidade de análise, síntese e antítese. Deve-se questionar o *statu quo* e ajudar as pessoas a darem passos rumo à própria evolução.

O que você tem feito para aumentar sua visão de mundo?

Como você amplia sua visão sobre tudo o que impacta positiva e negativamente a sua vida hoje?

Quais são as perguntas que você faz para ampliar a consciência das pessoas?

Como você amplia a sua zona de consciência e a visão de mundo todos os momentos?

Ampliar a zona de consciência e a visão de mundo

Para o desenvolvimento dos nossos negócios, é fundamental definir e atualizar periodicamente o mapa de impacto da nossa organização no mundo. Portanto, fazer perguntas que despertam a nossa consciência para as tendências e influências no negócio acenderá os indicadores de alerta para que seja possível navegar rumo à prosperidade.

Ao obter as respostas para essas indagações, fortalecemos a visão e percepção sobre tudo o que proporcionamos, elevando nosso estado consciente. Nosso sucesso como líderes não está na capacidade de responder a todas as perguntas, mas de envolver todas as pessoas para que elas façam suas reflexões e contribuam para a construção de novas respostas. A apropriação de cada pessoa para buscar soluções comuns fortalecerá nosso propósito de inspirá-las em uma mesma direção.

O PROBLEMA: qual é a necessidade que o nosso negócio busca solucionar? Quais são as dores que o mercado ou o mundo têm, e nas quais o nosso negócio poderá interferir positivamente?

A SOLUÇÃO: qual força podemos entregar para os ambientes de negócio e para o mundo para interferir positivamente nas necessidades que existem?

A INTENÇÃO: o que temos de energia em tudo o que fazemos e como essa intenção se conecta com as pessoas e os sistemas?

O BENEFÍCIO: qual é o retorno que oferecemos à sociedade e como isso influencia as mudanças que queremos proporcionar e as soluções que queremos entregar?

A SINGULARIDADE: o que nos torna únicos fazendo o que fazemos e como podemos fortalecer o nosso diferencial?

A EXPERIÊNCIA: o que proporcionamos para quem se relaciona conosco e como eles valorizam o que entregamos?

O LEGADO: o que deixamos para o mundo além dos produtos e serviços que entregamos?

Sensibilidade para antecipar tendências

Mudanças vão acontecer, desafios vão surgir e diversas vezes seremos obrigados a lidar com o que não foi planejado.

É sempre fácil falar de tudo depois que os momentos já passaram, pois enquanto estamos vivendo certa etapa da jornada, temos maior dificuldade para entender o todo e para onde estamos caminhando.

Os líderes se diferenciam das demais pessoas porque não seguem o lema "deixa a vida me levar", já que frequentemente estão buscando informações, observando as mudanças de cenários e, mais importante ainda, conectando-se com seus sentimentos e suas emoções para reconhecer as nuances que transformam a realidade ao redor.

É incrível como a inteligência humana também nos afasta de nossos próprios instintos e nos deixa cegos por acreditar fielmente na identidade que construímos e no especialista em que nos tornamos.

Os animais ainda preservam o instinto para pressentir as tendências à sua volta, mas os humanos perderam essa capacidade e criam respostas para proteger a própria mente e garantir que nada impeça a sua satisfação.

Quando algo de bom está para acontecer, alguém importante se aproxima ou surge o pressentimento de que algo ruim pode ocorrer, os animais se manifestam antes e expressam o reconhecimento dessas tendências, como se o campo energético emitisse sinais antecipados que eles conseguem captar, para agir diante da acuracidade de seus instintos. O predador vive todos os dias buscando se antecipar ou camuflar esses sinais para conseguir sobreviver, e, se não for astuto, poderá morrer de fome.

Notamos que os animais se recolhem quando uma tempestade se aproxima e tomam decisões preventivas que garantem a sobrevivência. Os humanos menosprezam os sinais e muitas vezes os atropelam por arrogância, por acreditar que nada os afetará e que são seres superiores.

Ampliar nosso olhar para entender as tendências não é sinal de resistência e paralisia, mas de compreender o contexto para tomar as melhores decisões rumo à jornada que queremos construir. É incrível como acabamos rompendo relacionamentos e acordos comerciais, além de lidarmos com muitas outras mudanças em nossa vida, e depois, decorrida a situação, percebemos que já sabíamos que aquilo aconteceria. O problema é que diversas vezes sabíamos, mas não levamos para a consciência a fim de extrair o melhor resultado e a melhor lição daquela experiência.

Triste é quando nem ao menos reconhecemos o que aconteceu, quando não aprendemos e continuamos insistindo nos mesmos hábitos (e erros) e na mesma maneira de viver.

Quando nos tornamos líderes, nossa responsabilidade não é solitária, porque sabemos que afeta outras pessoas e reconhecemos o nosso papel no fortalecimento dos alicerces para que a jornada em comunidade seja bem-sucedida.

O conceito sentir é muito mais aguçado na jornada do líder, porque, apesar de ele também exercer seu papel de gestor e desejar o resultado como a maioria das pessoas, ainda está atento aos sinais que seu corpo e sua mente lhe apresentam, reconhecendo o ambiente energético do qual faz parte e vislumbrando cada indício de mudança, percebendo as variações no estado de humor, medindo o nível de felicidade das pessoas e utilizando todos esses fatores não mensuráveis para saber como intervir, a fim de conduzir as pessoas até as reflexões de que elas necessitam para viver a experiência.

Se eu não sei para onde vou, não importa o que levo na mala. Portanto, para reconhecer os recursos de que precisamos e como devemos utilizá-los, é importante perguntar para onde estamos indo e como os ventos sopram em todas as áreas, para que estejamos preparados para trilhar uma boa jornada.

Mais uma vez quero informar que não estou negligenciando o presente, mas lendo as tendências para construir um futuro melhor. **Ter consciência de todos os fatores do presente é o melhor caminho para vislumbrar o futuro.** Imagine o navegador que se lança ao mar sem se importar com ele, sem entender a direção dos ventos, a força das nuvens e o que está por vir. O que poderá acontecer com esse navegante se ele simplesmente embarcar e deixar-se viver? É provável que tente provar a teoria da sorte e que, apesar de querer seguir com o lema "deixa a vida me levar", acabe acatando o lema "até que a morte nos separe".

Cenários políticos, econômicos e indicadores empresariais são muito importantes. Mas tudo isso fica melhor ainda quando colocamos uma pitada de percepção, sentimentos e emoções, reconhecendo os sonhos das pessoas, aprendendo com os desafios e sabendo que existe um enorme diferencial em cada ser humano que encontramos. Isso é o que nos traz genialidade e prosperidade.

Você está atento aos sinais que as pessoas lhe transmitem todos os dias?

Você se conecta emocionalmente com as pessoas e reconhece quais são as tendências e desafios que cada um vive?

Você tem capacidade de antecipar os riscos e as vantagens competitivas, considerando a análise dos cenários?

Seus indicadores misturam a objetividade com a subjetividade para as tomadas de decisão?

Criar soluções nunca antes imaginadas e adaptadas às novas gerações

Já falamos sobre a importância do *benchmarking* e sobre os desafios que ele nos impõe para liderar. São muitas ideias disponíveis no mundo, e uma grande variedade delas já foi testada, portanto ele encurta nossos caminhos e nos aproxima das soluções com maior chance de êxito.

Devemos apenas lembrar que esse recurso deixa de ter sucesso quando simplesmente copiamos um modelo e a maneira como as coisas são feitas só porque os admiramos, mas deixamos de perguntar: "Para que faremos isso?", "Como isso se conecta com as necessidades das pessoas e da minha organização?" e "Quais resultados vamos obter?".

Modelos de avaliação de desempenho foram desenhados e muito divulgados pelo mundo para melhorar a capacidade de análise das pessoas, assim poderíamos reforçar nossos critérios de recompensa e reconhecimento de maneira justa. Rapidamente passou-se a separar os indivíduos nas porções das curvas de distribuição e nos quadrantes para executar as recomendações dos modelos mais bem-sucedidos no mundo.

Hoje, diversos gestores buscam valorizar a colaboração em suas organizações e não sabem por que as pessoas não cooperam entre si e mantêm os velhos comportamentos de reforço da competitividade. Nossas ferramentas proporcionam isso e precisamos reinventar tudo o que fazemos, já que os modelos tradicionais não demonstram que a colaboração é um valor para nós e, no fim, nosso processo de reconhecimento é guiado pela competitividade. Então sonhamos que as pessoas colaborem entre si, mas mantemos o fascínio da conquista da maior participação a partir das melhores realizações, sendo que para os outros ficarão as sobras.

Isso tudo é um pouco controverso, não é? Dizemos que as pessoas precisam ser criativas e que, para ambientes com essas características, é preciso ter processos mais flexíveis e assumir mais riscos – o que, por sua vez, resultará em mais erros. Porém, quebras de procedimentos e falhas são severamente punidas.

Tenho dúvidas sobre quais são os seres irracionais e quais são os racionais, porque tomamos muitas decisões e estabelecemos muitos processos nos ambientes empresariais que geram quase nenhum sucesso. No entanto, nos apaixonamos por meio desses protocolos e procedimentos, tornando-os mais importantes do que os resultados que geram e o impacto que têm na vida das pessoas.

Devemos sempre perguntar quais são as dores do mundo, quais são as necessidades reais de nossos clientes e o que podemos fazer hoje para gerar mais benefício àqueles que servimos todos os dias.

Para criar soluções nunca antes imaginadas, recomendo que você dê passos planejados e sequenciados que possam ampliar o seu potencial de inovação, e abandone ações incoerentes que tragam resultados negativos.

Preste atenção: Abra sua mente para perceber o contexto e tudo o que está ao seu redor. Comece a entender como as conexões e interferências funcionam e quais são os resultados obtidos com o que fazemos hoje. Entenda a influência das ações atuais nos resultados obtidos. Perceba as pessoas sem julgamento.

Olhe para hábitos, olhares, reações, fontes de inspiração e trocas de experiências.

Pergunte: Questione tudo o que você faz dentro desse ambiente, o que as outras pessoas fazem e como tudo isso impacta a vida de todos e o resultado. Avalie se cada prática realmente traz o que se espera e qual é o nível de confiança em cada uma delas. As práticas e ferramentas que adotamos hoje são admiradas pelas pessoas ou são meras tarefas para elas? Quais são as necessidades das pessoas desse ambiente e daqueles que servimos todos os dias? Do que as pessoas se queixam? Conheça quais são os problemas que os colaboradores querem resolver e organize-os para identificar as congruências, similaridades e expressões conjuntas que afetam mais pessoas.

Use todo o potencial criativo: Ao reconhecer as necessidades, traga para perto de você o maior número de pessoas que poderão contribuir com ideias para superar essas dores. Exponha os problemas de maneira organizada e peça aos profissionais que criem soluções com você. Forme sua tribo para estimular o processo criativo. Encontre maneiras de incentivar essa criatividade por meio de ambientação, materiais de trabalho, murais criativos, lembrando que tudo deve ser compartilhado sem a identificação das pessoas. Colha o máximo de contribuições que puder.

Planeje o impacto: Avalie cada ideia dentro de uma matriz de esforço e impacto, cooperando com as pessoas de sua tribo de ideias para que tudo seja organizado em esforço e impacto baixos, esforço alto e impacto baixo, esforço baixo e impacto alto, e esforço e impacto altos. Certamente você já entendeu que devemos começar com as ações de impacto alto. Exigir o menor esforço merece nossa priorização, porque as pessoas poderão se beneficiar primeiro.

Copiar os processos criativos de outros poderá levar a aplicações que não conversam com a cultura de sua organização. No entanto, é preciso estar atento a ações que ocorrem em outras áreas que poderão ser combinadas com as suas necessidades para estabelecer um novo padrão.

Organizações sonham com a melhoria de seus processos de comunicação e sofrem com a falta de eficiência dos gestores em se comunicar adequadamente com as equipes. Os indicadores sobre a eficiência da comunicação em ambientes de baixo engajamento e baixo índice de felicidade no trabalho acompanham os resultados igualmente baixos dos índices gerais das pesquisas, apresentando tendências menores do que outros fatores. Portanto, é um grande desafio para as organizações.

Conheci diretores de empresas que criticavam a interferência dos dirigentes sindicais, afirmando que eles eram responsáveis pela influência no clima organizacional tão opressivo, inclusive assumindo comportamentos hostis quando os representantes dos empregados compareciam à porta dos estabelecimentos empresariais para conversar com as pessoas.

O primeiro erro é atribuir seu insucesso às forças externas. O segundo é não abrir os olhos para aprender com a eficiência do outro. Nossa elevada autoestima e a supervalorização da nossa identidade nos deixam cegos.

Um exemplo frequente de gestão de negócio em que casos de egoísmo e arrogância cegam o empresário: o relacionamento que algumas organizações têm com líderes sindicais que esporadicamente as visitam para dialogar com as pessoas e que demonstram eficiência nessa comunicação. Muitos gestores alegam que a insatisfação que afeta o clima de trabalho é fomentada por esses sindicalistas quando, de fato, são eles que não olham para dentro da própria empresa e fingem não ver a ineficácia de seus interlocutores internos.

Cenários políticos, econômicos e indicadores empresariais são muito importantes. Mas tudo isso fica melhor ainda quando colocamos uma pitada de percepção, sentimentos e emoções, reconhecendo os sonhos das pessoas, aprendendo com os desafios e sabendo que existe um enorme diferencial em cada ser humano que encontramos. Isso é o que nos traz genialidade e prosperidade.

Outro fato é a eficiência na utilização dos melhores canais de acesso às pessoas. Um grupo criticado tem maior êxito em suas ações, busca o diálogo com maior simplicidade, utiliza os locais de maior circulação, reúne-se nos acessos aos ambientes empresariais sabendo que ali terá contato com todos. Os gestores, no entanto, lutam contra isso e tentam organizar os diálogos dentro de determinado padrão.

O que impede esses gestores de irem até a porta do estabelecimento e terem contato com seus colaboradores? Por que as mensagens não podem ser passadas naquele canal também?

Ao observar o sucesso dos outros, em vez de criticá-los, podemos aprender, por meio de perguntas, o que os torna tão eficientes e como podemos nos apropriar desse talento – que talvez já esteja conosco – para criar soluções diferentes das que implementamos hoje.

A complementariedade na arte de liderar

Os conflitos entre os grupos e as pessoas dentro das organizações, mesmo que todos estejam em busca do melhor resultado para si e para seu grupo, deterioram o resultado coletivo, impactam negativamente a confiança e afetam as emoções e os sentimentos, tornando a energia do ambiente desagradável, dificultando a convivência e prejudicando a contribuição do coletivo.

Quando os resultados não caminham bem e os índices de felicidade no trabalho e de engajamento são baixos, as tensões geram decisões que colocam as pessoas em risco. Por instinto de sobrevivência, elas buscam alternativas para proteger a si e para evitar exposições negativas perante o grupo. Portanto, o sistema límbico entra em ação e os colaboradores reagem a tudo e a todos como maneira de evitar a exposição.

Nesse cenário, existe uma tendência de as organizações se tornarem verdadeiros campos de batalha. Todas as vezes que um assunto ou desafio for levado para discussão, os comportamentos de resistência surgirão e as pessoas preferirão apontar para os outros para se proteger.

O maior desafio do líder é integrar esses profissionais. No entanto, não é possível fazer uma grande reunião e dizer que todos devem trabalhar em equipe e que, a partir daquele momento, precisarão confiar uns nos outros. É uma utopia acreditar que uma atividade com equipes fará uma transformação imediata nas pessoas e que tudo ficará bem.

Mais uma vez, deparamo-nos com a importância do papel do líder, que deverá se comportar com coerência e consistência para restabelecer a confiança. Também deverá repetir esse comportamento diariamente para ajudar as pessoas a moldarem o novo convívio e a cooperação.

Para que esse movimento ocorra, é importante o líder prestar atenção à sua reação diante de cada conflito que surge no dia a dia. As pessoas, na busca por proteção, continuarão apontando o dedo para desviar a atenção e sair da zona de conflito e exposição. Portanto, o líder precisa atuar em alguns pontos fundamentais:

Ter a visão do todo: O problema sempre estará dentro de um contexto maior, e precisamos entender como a solução impactará todo o ecossistema e como influenciará os benefícios que queremos colher no longo prazo. Nossa mente foi treinada para colocar o foco no problema e deixar de perceber a representação daquilo que aconteceu para o todo. Quando alguém erra, tratamos esse erro como se ele representasse 100% da pessoa. No entanto, esse erro representa apenas 0,01% comparado ao 99,99% de acertos que desconsideramos quando somos atingidos pela energia da falha. E, para ampliar a nossa cegueira, ainda existem pessoas ao nosso redor que reforçam o problema e buscam apontar mais e mais falhas. É como ter uma mancha de tinta em uma toalha e jogá-la fora em vez de lavá-la.

Alguns gestores visitam suas operações, nas quais as pessoas dedicam todo o seu tempo em busca da excelência para que aquele ambiente esteja organizado e limpo todos os dias, mas quando, ao caminhar por ali, notam algo fora do lugar, dão tanta ênfase a um pequeno detalhe que parece que todo o restante não valeu de nada. Seria melhor agir ou ajudar as pessoas a corrigirem o que estava errado, demonstrando sua participação e corresponsabilidade, para que todos percebessem que sua visita não é um ato de fiscalização, e sim de reconhecimento. Fazer parte é fazer junto. Inspecionar para apontar não combina com os discursos que afirmam que somos todos membros de uma mesma equipe.

Individualizar as responsabilidades: Se o problema surgir diante do grupo, precisamos entender o contexto, e temos de mudar também nossas perguntas. Caso contrário, as pessoas, em busca de proteção, proporcionarão uma feira de dedos indicadores, prevalecendo aquele com o melhor argumento ou a melhor reputação e confiança do chefe.

Quando temos um problema e alguém começa a apontar o que o outro não fez, devemos individualizar as responsabilidades e evitar que as pessoas critiquem umas às outras. Ao contrário, elas devem falar sobre como podem colaborar. Nesse caso, nossa abordagem deve ser bastante dirigida: "Entendi que tal pessoa também é parte da solução e conversarei com ela sobre aquilo que está sob a responsabilidade dela. No entanto, neste momento, quero saber o que você pode fazer para nos ajudar a solucionar o problema e quais ações estão sob sua responsabilidade."

Agindo de maneira a evitar argumentos que dizem respeito ao outro, também trataremos de algo extremamente danoso para as organizações: as fofocas.

Quando as pessoas perdem o estímulo para falar dos outros e passam a se concentrar no próprio papel, **há redução dos conflitos e fortalecimento da comunicação para buscar soluções comuns, influenciando todos a agir em prol de um mesmo objetivo, com os seus respectivos papéis bastante claros**.

Qual é a sua reação quando alguém traz argumentos sobre outras pessoas?

Como você desestimula os conflitos e as fofocas em sua organização?

Como você garante a atribuição da responsabilidade de cada pessoa quando os problemas surgem?

Como você evita ser influenciado por aqueles que gozam de maior prestígio e confiança?

Identificar as fontes de colaboração e servir para prosperar

Reconhecer os pontos fortes para utilizar todo o potencial disponível é uma tarefa que diferencia os níveis de liderança. E como desenvolver líderes para que eles reconheçam esses pontos fortes?

Há gestores que nem sequer sabem o nome das pessoas da equipe. Se temos esse nível de limitação, imagine a deficiência para reconhecer os pontos fortes de cada um e como utilizá-los para aumentar o potencial colaborativo.

Conforme já afirmei, somos treinados para identificar as vulnerabilidades e seguimos tentando desenvolver nas pessoas competências que não estão diretamente correlacionadas com seus talentos.

Ao fazer um mapa dos funcionários para entender suas forças e suas fraquezas, somos direcionados por nossos hábitos de gestão a eliminar as fragilidades e torná-los colaboradores padrão, dentro de um mesmo critério que estabelecemos como o "modelo ideal" para o perfil profissional.

A valorização da diversidade é reconhecer que as pessoas são diferentes, têm pontos fortes diferentes, e a combinação dessas vantagens poderá acelerar o processo de cooperação, ajudando a obter resultados jamais esperados.

O mapa da complementaridade poderá auxiliar você a identificar as forças de sua organização:

Os líderes se diferenciam das demais pessoas porque não seguem o lema "deixa a vida me levar", já que frequentemente estão buscando informações, observando as mudanças de cenários e, mais importante ainda, estão conectados com seus sentimentos e suas emoções para reconhecer as nuances que transformam a realidade ao redor.

ETAPA 1 – PESSOAS E TALENTOS: Quais são as pessoas e os talentos que temos em nossa equipe?

Aprender com cada um sobre seus desejos e sonhos; as atividades que executam em estado de êxtase, como se nada mais importasse; os conhecimentos que têm e suas fontes de aprendizagem; as habilidades que desenvolveram no decorrer da jornada, incluindo aquelas que utilizam fora do ambiente profissional; e como respondem aos diversos estímulos, demonstrando suas atitudes. Saber o que essas pessoas valorizam e como expressam suas emoções por meio do que fazem e como fazem.

ETAPA 2 – OBJETIVOS COMUNS: O que o grupo realmente quer atingir em comum e que o alimenta como fator motivador? O que deseja alcançar que é plenamente realizável e em quanto tempo pretende fazer isso?

Dialogar com as pessoas para identificar as metas comuns amplia a sincronicidade e as ajuda a reconhecer que têm mais em comum do que imaginam. Conhecer os anseios e desejos comuns facilita o processo de quebrar barreiras, muitas vezes mentais, que separam as pessoas em ambientes geográficos. Ao derrubar esses muros, colocamos todos dentro de um mesmo espaço de interesse e realização, ampliando a colaboração e o cooperativismo. Podemos mais quando entendemos que, juntos, fazemos parte de um objetivo comum e maior.

ETAPA 3 – OBJETIVOS PESSOAIS: Quais são os objetivos de cada integrante da equipe como indivíduo? Existem objetivos possíveis de ser compartilhados para uma solução em comum?

Havendo oportunidade de os objetivos pessoais ganharem contribuições como objetivos comuns a toda a equipe, ampliamos o potencial de gratidão e conectividade entre as pessoas, fazendo das interações emocionais os principais fatores para que o bem-estar e a confiança sejam ampliados, a fim de viver em comunidade, o que tornará o ambiente de trabalho uma parte integrante da vida de todos.

Ampliar o nosso índice de cooperação individual reflete na elevação dos índices de felicidade no trabalho, pois fortalecemos a camaradagem e a amizade, proporcionando empatia entre os colaboradores.

ETAPA 4 – VALORES: Sabemos o que faz cada indivíduo levantar todos os dias? Quais princípios guiam as pessoas e as fortalecem? Quais são os valores comuns que nos fazem querer ser quem somos? O que faz o coração da equipe bater mais forte?

Se entendermos o coração como a ação do *core*, ou a ação que vem de dentro, precisamos reconhecer que energia é essa que pulsa dentro das pessoas de nossa equipe e que as motiva a serem quem são, a fazerem o que fazem e a manterem os índices de resiliência de que precisam quando lidam com situações adversas. Ao conhecer o que mais importa para cada indivíduo, mesmo havendo pessoas que não reconhecem seus valores, promovemos a reflexão sobre a força que vem de dentro e que pode torná-las bem-sucedidas no que são e fazem. Assim, ampliaremos os níveis de consciência do grupo e ajudaremos os integrantes a reconhecerem os motivos que os mantêm em alto desempenho mesmo quando existem fatores contrários.

ETAPA 5 – NECESSIDADES E EXPECTATIVAS: Do que cada membro da equipe necessita para ter sucesso? Quais são as necessidades-chave para ampliar as chances de êxito?

Temos expectativas para atingir nossas metas, porém, às vezes, não dispomos de ferramentas adequadas para a ação, o que torna a tarefa árdua e difícil. As pessoas precisam entender quais são os recursos que as levarão para o melhor desempenho e como selecionar, viabilizar e colocar em prática esses recursos.

Dizer o que queremos que seja feito não obriga o universo a nos entregar o resultado esperado. Para isso, necessitamos dos melhores recursos, além de compreender que nossas capacidades de realização e agilidade estão diretamente vinculadas com a qualidade e a aplicabilidade desses instrumentos.

As pessoas querem sempre os melhores recursos, e há momentos em que não é possível atender a essas expectativas. Porém, não podemos ser levianos e exigir alto nível de desempenho com baixo nível de retorno. Esse é mais um fator de aprendizado e consciência de que os líderes precisam ao ampliar sua visão, porque tempo, eficácia e execução passam diretamente pela qualidade das ferramentas de que dispomos. Conheço muitas organizações que fornecem recursos inadequados e exigem elevado desempenho, mas, ao deixarem de atingir a performance esperada, atribuem a responsabilidade às pessoas.

ETAPA 6 – PAPÉIS E RESPONSABILIDADES: Qual é o papel que cada membro da equipe assumirá para termos sucesso? Como nos comunicaremos e deixaremos todos atualizados? Como eles executarão e avaliarão as etapas cumpridas durante a jornada?

A liderança é responsável por levar a equipe a compreender o seu papel, com o objetivo de fortalecer a cooperação e reduzir a competitividade. A atribuição clara de responsabilidades auxiliará na eliminação de comportamentos negativos – como transferir competência a outros – e impulsionará a sinergia, pois as pessoas, ao direcionarem suas atribuições para o sucesso comum, entenderão o que o grupo espera de cada membro, terão a visão do processo como um todo e poderão se ajudar mutuamente, para que todos sejam beneficiados.

ETAPA 7 – PONTOS FORTES E RECURSOS: Quais forças temos como equipe que ajudarão a atingir nossas metas? Quais são as habilidades interpessoais que a equipe já tem para colocar em prática?

Diferentemente da etapa 1, agora o líder atua na personificação de toda a equipe, reconhecendo os comportamentos, as habilidades, os valores e as emoções que, combinados, formam o resultado coletivo em potencial. Nesse momento, o grupo consegue avaliar se o conjunto reúne todos os elementos e as forças que a diversidade proporciona a eles, inclusive identificando a existência de algo mais que poderá ser utilizado e que, durante as análises individuais, não conseguimos identificar tão claramente. Com todas as forças combinadas, podemos definir melhor como faremos as transformações necessárias e como tudo isso atuará em prol do coletivo. Nessa fase, o líder não apenas estará mais preparado para o conhecimento dos talentos da equipe, mas sua busca pela clarificação dessas forças o ajudará a ampliar a visão e a formação da nova geração de líderes.

ETAPA 8 – PONTOS FRACOS E RISCOS: Quais áreas a equipe precisa melhorar e quais pontos fortes ela não tem e precisa desenvolver ou adotar para ampliar o sucesso? O que as pessoas devem aprender sobre o grupo e em grupo? Quais obstáculos a equipe precisa enfrentar?

Neste momento, o leitor pode estar se perguntando: *Como ele pode dizer que é necessário ter foco nos pontos fortes e agora aborda os pontos fracos?* De fato, os pontos fracos também são pontos importantes, no entanto nossa pesquisa e nossas decisões não começam por eles. Note que não iniciamos nenhum processo pelas vulnerabilidades individuais, pois apenas ao consolidar o grupo é que buscaremos apontar possíveis oportunidades de desenvolvimento, sem querer moldar os indivíduos a um tipo padrão de "colaborador ideal". Prefiro afirmar que todas as pessoas são certas, só precisamos colocá-las no lugar exato para fazer a química dos bons resultados funcionar.

Devemos saber o que falta no grupo e o que o paralisa diante dos desafios que precisa enfrentar. Buscaremos o que torna a equipe vulnerável e o que podemos fazer para alcançar o sucesso. Assim, reconheceremos nossos pontos fracos com o objetivo de compensá-los com novos talentos ou de desenvolvê-los.

ETAPA 9 (OU CENTRAL) – PROPÓSITO: Qual é a nossa razão de existir como equipe e como podemos dar sentido a tudo o que fazemos?

Abordar outra vez a construção do propósito é desnecessário, mas devemos reconhecer que ele é o início e o fim para consolidar todas as ações, o direcionador que moverá cada iniciativa em uma organização.

Dispensamos novas perguntas depois de tantas respostas que nossas equipes já encontraram, sabendo que o envolvimento de todos ampliará o compromisso do grupo com os objetivos propostos. O conhecimento profundo dos processos determina a importância da nossa complementaridade, fortalecendo a responsabilidade com cada etapa e necessidade organizacional, pois entendemos o que é importante para o sucesso coletivo.

ETAPA 1 – PESSOAS E TALENTOS: Quais são as pessoas e os talentos que temos em nossa equipe?

ETAPA 2 – OBJETIVOS COMUNS: O que o grupo realmente quer atingir em comum e o alimenta como fator motivador? O que deseja alcançar que é plenamente realizável e em quanto tempo pretende fazer isso?

ETAPA 3 – OBJETIVOS PESSOAIS: Quais são os objetivos de cada integrante da equipe como indivíduo? Existem objetivos possíveis de serem compartilhados para uma solução em comum?

ETAPA 4 – VALORES: Sabemos o que faz cada indivíduo se levantar todos os dias? Quais princípios guiam as pessoas e as fortalecem? Quais são os valores comuns que nos fazem querer ser quem somos? O que faz o coração da equipe bater mais forte?

ETAPA 5 – NECESSIDADES E EXPECTATIVAS: Do que cada membro da equipe necessita para ter sucesso? Quais são as necessidades-chave para ampliar as chances de êxito?

ETAPA 6 – PAPÉIS E RESPONSABILIDADES: Qual é o papel que cada membro da equipe assumirá para termos sucesso? Como nos comunicaremos e deixaremos todos atualizados? Como eles executarão e avaliarão as etapas cumpridas durante a jornada?

ETAPA 7 – PONTOS FORTES E RECURSOS: Quais forças temos como equipe que ajudarão a atingir nossas metas? Quais são as habilidades interpessoais que a equipe já tem para colocar em prática?

ETAPA 8 – PONTOS FRACOS E RISCOS: Quais áreas a equipe precisa melhorar e quais são os pontos fortes que não tem e precisa desenvolver ou adotar para ampliar o sucesso? O que as pessoas devem aprender sobre o grupo e em grupo? Quais obstáculos a equipe precisa enfrentar?

ETAPA 9 (OU CENTRAL) – PROPÓSITO: Qual é a nossa razão de existir como equipe e como podemos dar sentido a tudo o que fazemos?

Exercer influência positiva para o bem comum

Já destacamos a importância do foco no contexto geral e descobrimos que, dessa maneira, tudo o que surgir como falha ou inadequação será apenas uma oportunidade de aprender e desenvolver em meio ao todo, que é bem maior do que uma eventual situação adversa.

Devemos partir do princípio de que acreditamos nas pessoas, mas só dizer isso não é suficiente para que elas se sintam autoconfiantes para agir de maneira criativa e buscar o bem comum.

Quando conversamos com as pessoas e falamos sobre nossa preocupação com o desenvolvimento de cada uma delas, devemos ser **autênticos** em nossos sentimentos, comentários e ações, alinhando tudo o que dizemos e vivemos.

Se acreditamos que o feedback é uma fonte de desenvolvimento para os colaboradores, as equipes e a empresa, precisamos demonstrá-lo na prática. Não existe melhor forma de garantir o fortalecimento dessa ideia pelos líderes do que ter o compromisso de realizar cinco vezes mais feedbacks positivos do que feedbacks construtivos.

Para diferenciar esses dois formatos, entendemos que os positivos são ações e comportamentos que trouxeram resultados benéficos e que devem ser destacados todas as vezes que acontecem, com uma demonstração de gratidão por tal desempenho. O construtivo é uma oportunidade para aprender, guiada pelas reflexões do líder, que nos auxilia no processo de desenvolvimento para fortalecer os talentos.

O objetivo de realizar mais feedbacks positivos não está apenas no impacto de quem os recebe, e sim no treinamento da mente de quem dá esse retorno. Ao buscar maior incidência de ações positivas, também treinamos nossa percepção para a identificação do positivo, o que impactará o ambiente. Um líder que valoriza o olhar positivo também está sempre **bem-intencionado** e busca estabelecer diálogos positivos com seus interlocutores, tornando as pessoas melhores do que antes e gerando um ciclo de crescimento e evolução. Dessa maneira, ele **faz parte da solução**, estimula seus liderados a desvendarem claramente os pontos a ser melhorados, e diminui o foco no problema e nas reclamações, a fim de encontrar soluções para um processo genuíno de apoio no desenvolvimento pessoal.

Manter a atenção no positivo requer considerar a ambiguidade entre o **personalizado** e o **impessoal**, construir diálogos adaptados ao perfil de cada indivíduo e fazer cada um se sentir único, sabendo que as pessoas apreciam estímulos diferentes. É importante saber dialogar mantendo a atenção no comportamento, e não no indivíduo, evitando julgamentos pessoais e reconhecendo que é no comportamento ou na ação que está a oportunidade para melhorar. As pessoas têm uma tendência natural a querer acertar e fazer o seu melhor em todos os momentos.

O comportamento do líder diante dos desafios e sua abordagem definirão o tom do clima da equipe e o nível de confiança que as pessoas têm para serem elas mesmas, o que influenciará a criação de uma atitude positiva a partir da qual todos poderão expressar comportamentos positivos diante das situações.

Os desafios sempre surgirão. A maneira como reagimos diante de cada um deles é que será o diferencial para um ambiente provedor de energia positiva ou um ambiente desmotivador e inerte devido à falta de confiança.

Ocorrências não planejadas acontecem e nem sempre conseguimos evitar situações adversas. É necessário ter resiliência para manter a equipe perseverante e ativa na busca por resultados coletivos, e os ambientes positivos ampliam o potencial de cooperação e a geração de resultados.

O que você tem feito em situações que ameaçam os bons resultados?

Como é a sua abordagem com as pessoas em momentos de crise?

Como você ajuda as pessoas a lidarem com as adversidades?

Promover a sinergia

As pessoas trabalham juntas e cooperam em projetos quando derrubamos todas as barreiras para o engajamento, mas fazer a transição da baixa felicidade no trabalho para a elevada requer mais esforços, a fim de que os envolvidos atuem com sinergia e promovam resultados juntos.

A base referencial para auxiliar as pessoas nessa jornada é proporcionar uma atmosfera de trabalho em que as ferramentas e os métodos de melhoria contínua possam ajudá-las a quebrar crenças e promover a ação colaborativa por meio de projetos comuns.

Para superar as resistências, é importante começar aos poucos e com bastante atenção aos detalhes, porque estamos falando da necessidade de uma mudança no modelo mental das pessoas, quando reforçaremos, por meio da colheita dos benefícios do trabalho colaborativo, a ideia de que intensifiquem a execução de atividades com objetivos comuns dia após dia.

Programas de melhoria contínua são conhecidos no mercado e seu grande benefício não é apenas o resultado, mas a possibilidade de mudar crenças e habilidades das pessoas quando estas são desafiadas a trabalhar juntas. Desse modo, é preciso incentivar a escolha de projetos desafiadores, promover treinamentos das habilidades e competências necessárias para a execução desses projetos e garantir acompanhamento e apoio em cada etapa da execução. No fim, precisamos celebrar juntos, reconhecer os resultados e despertar a percepção das transformações positivas durante a jornada.

Cada organização, de acordo com seu porte e recursos disponíveis, poderá definir sua estratégia de melhoria contínua estabelecendo as ferramentas acessíveis. Precisamos garantir que as pessoas terão o conhecimento necessário e o suporte da alta liderança para atuarem com confiança, sendo orientadas e incentivadas em cada etapa.

Os componentes utilizados dependerão do estilo e da cultura da organização, bem como da adaptação das ferramentas ao modelo de negócio. Pode-se optar por treinamentos de qualidade reforçando os princípios do PDCA (planejar, fazer, controlar e agir), 6 Sigma, TPM (manufatura produtiva total), Scrum, Design Sprint, Design Thinking e diversas outras metodologias que poderão compor os recursos que a organização disponibiliza para seu pessoal.

É fundamental que os projetos integrem pessoas de diferentes áreas e sejam realizáveis. As ferramentas seguirão o grau de complexidade, dificuldade e tamanho do escopo de cada projeto.

A liderança precisa acompanhar as etapas. Todo líder deve atuar como apoiador e orientador na definição dos projetos, incentivar os treinamentos e dedicar uma agenda exclusiva para seguir de perto a evolução de cada profissional, tornando o compromisso de acompanhamento e apoio um objetivo para todos os níveis da organização. Esse é o fator que definirá se a estratégia e a execução terão resultado positivo ou não. Isso é formar a cultura.

Gestores definem metas e cobram. Líderes desenvolvem e acompanham as pessoas para que elas atinjam níveis superiores de desempenho, tanto pessoal quanto profissional.

Como você tem definido os desafios para que as pessoas atuem com um pensamento de melhoria contínua inerente à cultura da organização?

Como você desenvolve as pessoas para que tenham conhecimento e habilidades nas principais ferramentas que conduzirão as equipes a um novo patamar de resultados?

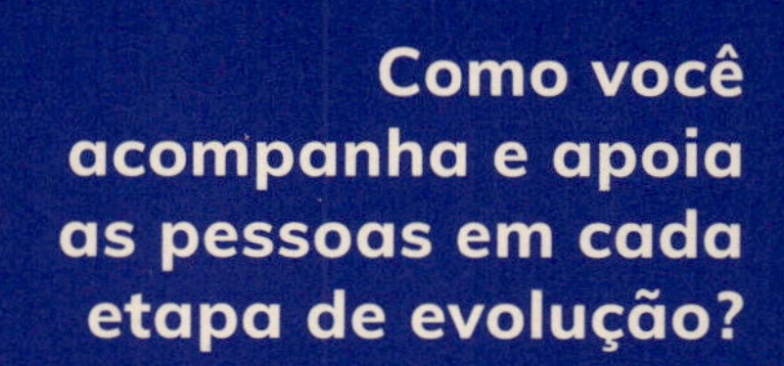

Como você acompanha e apoia as pessoas em cada etapa de evolução?

Quais são os exemplos claros de ações que promovem a complementaridade das equipes?

Provendo a evolução das pessoas

Evoluir é inerente à natureza humana.

Acordamos todas as manhãs e vivemos desafios. Ao encerrarmos o dia, evoluímos com todas as situações às quais fomos expostos. A interação entre dois seres humanos é fator necessário para que ambos adquiram conteúdos diferentes do que aqueles que tinham antes do encontro.

As pessoas precisam despertar para essa evolução e tomar consciência de como isso ocorre. Notando as transformações, poderemos entender e potencializar os resultados dessa aprendizagem.

Manter diálogos para auxiliar as pessoas nessa percepção também é papel importante do líder, pois tomar ciência das mudanças que ocorrem em nossa vida ao superarmos cada desafio e ter consciência desse processo evolutivo amplia o potencial de aprendizagem. Passaremos de seres que se transformam de maneira natural a seres que se transformam de maneira intencional e, assim, poderemos ampliar as experiências, questionar o que estamos aprendendo e analisar o que podemos fazer melhor em próximas oportunidades, para que a aprendizagem seja acelerada e tenhamos novos desafios, em vez de vivermos os mesmos novamente.

Em cada encontro com outro ser humano temos a oportunidade de aprender algo novo. Ao identificar a qualidade desses encontros e proporcionar mais experiências de evolução, poderemos somar conhecimentos de modo sistemático.

Infelizmente o costume de julgar as pessoas nos impede de evoluir com cada interação. Quando passamos a selecionar as pessoas de acordo com nossos julgamentos, obscurecemos a importância do outro para a nossa formação. Seguimos parâmetros de "gosto" e "não gosto" e deixamos de perguntar a nós mesmos sobre o papel daquela pessoa em nossa vida, sobre o que nos levou da zona de conforto para a de desconforto, e sobre o que podemos fazer para tirar o melhor proveito daquela situação e aprender com a experiência que nos foi oferecida.

Não estou defendendo tolerância com situações e pessoas ácidas e tóxicas, prejudicando nosso desenvolvimento e gerando retrocesso em nosso processo de crescimento. Nesse caso, precisamos entender o que esses momentos nos oferecem e encontrar o caminho para impedir que sejamos vítimas de condições e indivíduos que nos expõem a situações de danos morais e psíquicos. Devemos estar atentos aos limiares das relações saudáveis, para nunca passarmos da zona de aprendizagem para a zona de pânico e agressividade.

O líder que desenvolve as pessoas para o sucesso proporciona uma atmosfera de consciência sobre o processo evolutivo, ajudando-as a complementar a própria essência ao entender sua importância para servir melhor por meio de ações e de tudo o que criam.

Dessa maneira, fazemos uma transição e deixamos de viver seguindo os trilhos, como se a jornada fosse estruturada em uma sequência que não podemos romper. Passamos a viver guiando-nos por trilhas, utilizando a aprendizagem para gerar novos momentos e experiências, buscando novas respostas para as mesmas perguntas e ampliando a visão de mundo.

O exercício da aprendizagem é libertador e amplia as opções disponíveis. Tornamo-nos um novo ser em cada etapa de desenvolvimento e, assim, é impossível comparar quem somos hoje com aquele que fomos ontem ou em qualquer outro momento do passado. Portanto, nosso presente sempre será a nossa melhor versão. Tendo consciência disso, assumimos o papel de condutores do nosso destino.

Gerar significado

Devemos desligar o piloto automático e observar as transformações.

Seguimos todos os dias em um ciclo em que acordamos cedo, tomamos banho, ingerimos o café da manhã, escovamos os dentes, seguimos para o trabalho, encontramos nossos colegas, trabalhamos, resolvemos problemas, almoçamos, trabalhamos, participamos de reuniões e reuniões, encerramos o expediente, vamos para casa, assistimos à televisão, jantamos, tomamos banho, escovamos os dentes, deitamos e dormimos. Ao acordar no dia seguinte, tomamos banho...

Se isso é o resumo da vida, passaremos anos sonhando com os momentos de lazer, e a quebra desse ciclo para ter a sensação de encontrar uma razão de viver.

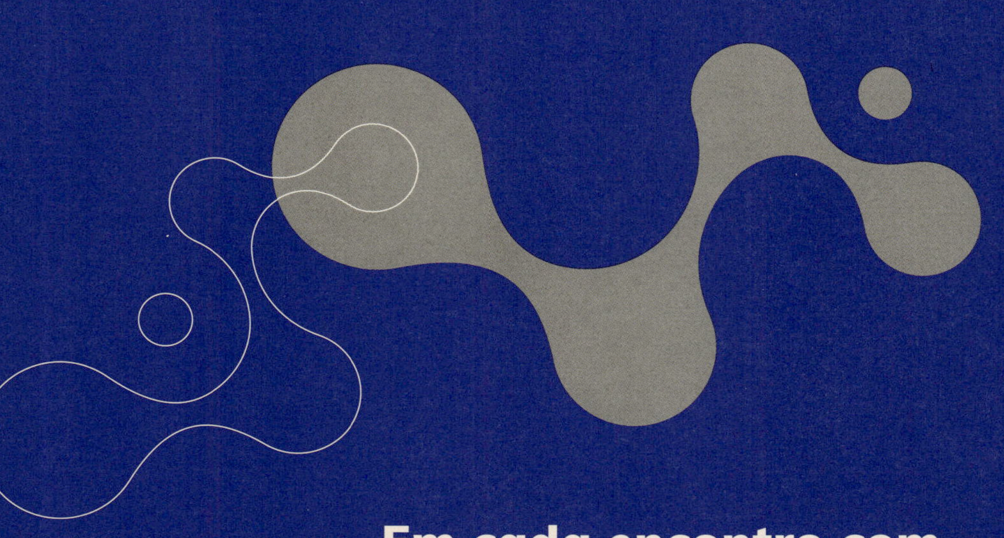

Em cada encontro com outro ser humano temos a oportunidade de aprender algo novo. Ao identificar a qualidade desses encontros e proporcionar mais experiências de evolução, poderemos somar conhecimentos de modo sistemático.

O ambiente de trabalho é transformador e proporciona experiências que promovem a evolução. Devemos ajudar as pessoas a entenderem as nuances, o que representa cada momento no trabalho e como desenvolvemos a nós mesmos para estarmos preparados para cada novo desafio.

Na essência, a liderança tem o papel de gerar capacidades para que as pessoas se tornem seres melhores e otimizem sua maneira de executar ações, evitando a dependência.

O ciclo de desempenho e resultados requer conhecimento das pessoas e a capacidade de desenvolver visão, talento e profundidade como base para qualquer ação na organização. A **ordem** definirá os processos e cada etapa para a execução. A **disciplina** fortalecerá a competência por meio do reforço das nossas habilidades e da nossa assertividade para entregar resultados. A **excelência** deverá ser a meta para conquistarmos prestígio e notoriedade.

Muitos modelos de desenvolvimento pessoal proporcionam elevado grau de dependência porque assumem um papel nutritivo para as pessoas, criando a percepção de que a empresa é a responsável por prover os recursos de desenvolvimento. Após participar das etapas de treinamento, os colaboradores têm expectativas de crescimento profissional e ficam insatisfeitos porque o suposto provedor não as reconhece como deveria. As pessoas têm a percepção de que são mais do que dizem suas recompensas e reconhecimentos, criando um sentimento de dívida na relação contratual.

Atuando como facilitador no processo de desenvolvimento, o líder estimula as pessoas a refletirem sobre seu estado atual de crescimento e as inspira a buscar oportunidades de aprimorar novas habilidades ou reforçar pontos fortes.

O processo de conhecer o indivíduo, depois de toda a nossa aprendizagem neste livro, dispensa novas explicações. Conhecer as pessoas em sua individualidade ampliará as ferramentas que o líder tem para expandir o diálogo, fazer perguntas que estimulem a reflexão, a tomada de consciência e o despertar para as oportunidades de desenvolvimento, guiando-as em seu processo evolutivo, planejando cada etapa dessa formação e acompanhando o autodesenvolvimento para que as ações sejam efetivamente colocadas em prática.

Nos tempos atuais, temos diversas fontes de conhecimento, e o fato de que as pessoas esperam que todos esses recursos sejam disponibilizados pela organização demonstra o baixo nível de curiosidade e protagonismo no próprio processo de formação e desenvolvimento. Portanto, é papel da liderança estimular as pessoas a executarem seu planejamento e garantir, por meio de acompanhamento, que a aprendizagem ocorra efetivamente. Nesse aspecto, todo líder assume a função de principal mentor de cada indivíduo com quem se relaciona nas organizações e auxilia na formatação do processo de desenvolvimento.

Os treinamentos realizados de maneira presencial em sala de aula sempre terão seu papel especial na percepção formal do processo de aprendizagem. No entanto, devemos integrar novas ferramentas a esse modelo, como serviços de coaching realizados por profissionais devidamente habilitados ou pela própria liderança, que poderá conduzir atividades e perguntas que despertem as pessoas para ampliar o próprio potencial; e técnicas de mentoria ou tutoria na formação, utilizando ferramentas específicas para acelerar o processo de aprendizagem. É importante ter alguém com reconhecida experiência para facilitar os caminhos e intensificar a capacitação técnica. Mais importante ainda é o papel do líder no desenvolvimento de cada indivíduo no ambiente de trabalho.

A maior parcela de contribuição para o processo de evolução profissional ainda é realizada por meio da gestão de projetos, assumindo responsabilidades que desafiam o *statu quo* e proporcionam às pessoas viver na zona de aprendizagem, portanto, além da zona de conforto. Os erros e acertos guiados e explorados por uma liderança a serviço do processo de desenvolvimento das pessoas fará a diferença para que os colaboradores tenham consciência das mudanças que serão observadas na execução de cada projeto, reconhecendo o significado de cada desafio para o processo de crescimento.

A melhor combinação para o desempenho excepcional das pessoas é o resultado da união do talento e da motivação. O talento precisa ser desenvolvido para atingir seu maior nível como provedor de resultados ao ser colocado na prática, mas esses resultados serão diretamente influenciados pelo nível de motivação das pessoas.

TALENTO + MOTIVAÇÃO = DESEMPENHO EXCEPCIONAL

Costumo afirmar que ninguém pode dar aquilo que não tem, portanto nosso papel é desenvolver as pessoas para que elas possam exercer o melhor dos seus talentos. No entanto, costumo repetir outra máxima também: ninguém aprende aquilo que não quer.

Com essas afirmações, devemos entender que precisamos dedicar nosso esforço para que as pessoas possam atingir um nível de capacitação de seus talentos sempre maior, a fim de que entreguem às organizações o seu melhor desempenho. Mas devemos seguir atentos ao nível de motivação dos colaboradores, porque apenas o esforço na capacitação não é garantia de resultado.

Existe uma etapa anterior ao processo de formação, que é a garantia de que as crenças também estejam alinhadas com as expectativas da liderança. Nesse caso, precisamos entender como as estruturas de crenças funcionam para romper com aquelas que são limitantes.

Os ambientes empresariais são reconhecidos por seu clima, que resulta da energia que circula em cada espaço da organização; é, de fato, a representação final da combinação de todos os comportamentos juntos. Reações agressivas ou empáticas diante dos desafios definirão o tipo de ambiente que será predominante. Ao reconhecer como esses hábitos reagem entre si, definimos a cultura de um ambiente.

As posturas assumidas são frutos das nossas competências ou ineficiências: quando a competência é elevada, há uma tendência para harmonização, mas, quando temos deficiências, existe uma tendência à busca por proteção, o que pode gerar incidência de comportamentos de diversos tipos, incluindo os mais agressivos.

O que nos motiva a agir de maneira A ou B é influenciado pelas nossas crenças, que podem ser fortalecedoras ou limitantes. Ao aprofundar nossa análise sobre as pessoas e entender a influência das crenças nos comportamentos, podemos entender o que facilita ou impede o processo de aprendizagem. Nesse caso, utilizando perguntas que ampliem a consciência e a visão dos colaboradores sobre os fatores que impedem a melhoria em seu comportamento, podemos buscar caminhos para que possam romper com essas crenças e entrar em estado de fluxo de aprendizagem. É possível que isso traga novos recursos para a vida de cada um deles e os faça adotar novas maneiras de fazer o que fazem, intensificando os resultados e a prosperidade.

Para romper com as crenças limitantes, devemos ajudar as pessoas a explorarem o contexto em que os comportamentos acontecem, quais atitudes

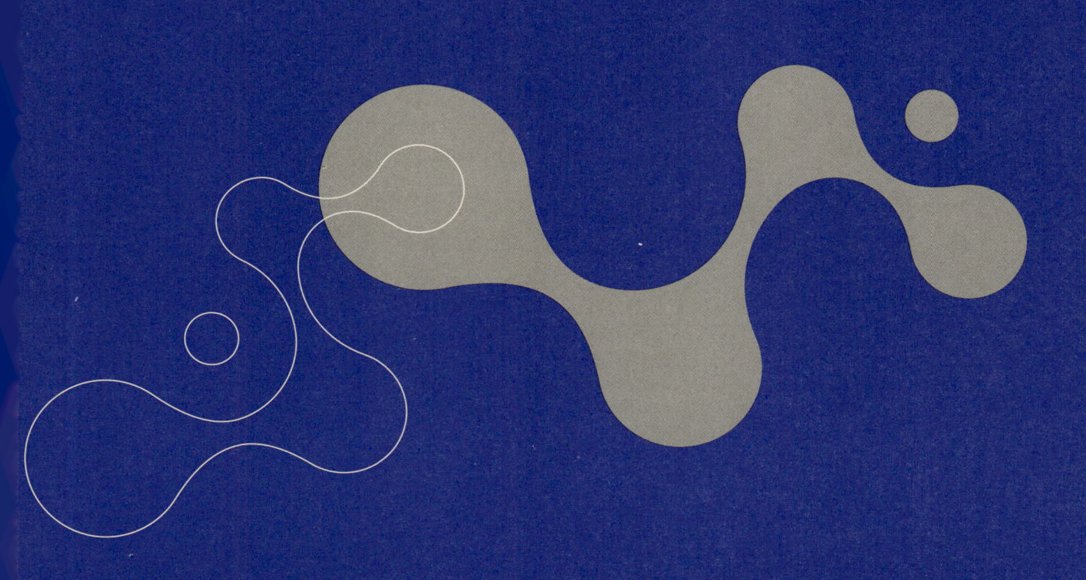

Reações agressivas ou empáticas diante dos desafios definirão o tipo de ambiente que será predominante. Ao reconhecer como esses hábitos reagem entre si, definimos a cultura de um ambiente.

são geradas a partir disso e as consequências que obterão. Refletir sobre a quebra dos ciclos, entender os gatilhos e gerar novos comportamentos para produzir resultados diferentes auxiliará os profissionais a encontrarem melhores respostas para a vida e a ampliarem o seu potencial nos ciclos de evolução.

Contexto A situação em o que comportamento se mostrou	**Esperado** A ação que a pessoa escolheu ter diante da situação	**Desejado** O impacto que a ação gerou como resultado

Aprendemos que para evoluir é fundamental ajudar as pessoas a abandonarem os movimentos de dependência e assumirem o protagonismo em seus respectivos processos de evolução, entendendo quem são e reconhecendo sonhos e desejos próprios. Faz parte do processo avaliar os caminhos que proporcionem movimentos de evolução por meio da capacitação consciente; despertar a curiosidade das pessoas para que busquem as diversas ferramentas disponíveis para o seu autodesenvolvimento; ampliar a visão sobre a influência que o processo de desenvolvimento no ambiente de trabalho tem para a formação dos indivíduos, e como é possível potencializar esse desenvolvimento com projetos; planejar com excelência para que todas as oportunidades sejam bem aproveitadas.

O que você tem feito para ampliar a responsabilidade das pessoas em relação ao autodesenvolvimento?

Como você distribui os recursos de desenvolvimento que envolvem pesquisas e materiais de formação, aproveitamento de experiências alheias – por meio de coaching e *mentoring* –, desafios e projetos nas áreas de atuação?

Qual é o seu nível de conhecimento sobre as necessidades e expectativas de cada pessoa em sua equipe?

Promover momentos mágicos

A grande angústia de diversos executivos é organizar o seu tempo para não prejudicar momentos importantes da vida com as pessoas que amam. Esse dilema invariavelmente é provocado pela busca do sucesso em sua carreira profissional.

Já fui questionado sobre como eu me sentia diante de uma agenda com tantas viagens. Na ocasião, meu trabalho estava a milhares de quilômetros da minha família, eu não vivia ao lado de minhas filhas a quantidade de tempo que talvez elas ou eu desejássemos. Respondi com tranquilidade que **os momentos em nossa vida não são importantes por sua quantidade ou volume, e sim por sua intensidade e magia**.

A qualidade da presença em cada momento é que vai determinar se estamos dando a devida atenção àquela ocasião ou não. Muitas vezes entramos em uma cortina de fumaça, pensando que se ficarmos mais tempo ao lado de uma pessoa isso terá melhor representatividade para ela. De fato, as pessoas que nos amam adorariam ter mais tempo conosco, no entanto o que mais desejam é a nossa presença, é estarmos verdadeiramente fazendo companhia e compartilhando aqueles momentos como se fossem únicos.

Minhas filhas adoram a minha presença, mas se eu vivesse ao lado delas em tempo integral, considerando nossas diferenças de geração e interesses, provavelmente em algum momento a nossa relação ficaria desconfortável. Imagine um adulto sem ter o que fazer ao lado de um adolescente o tempo todo.

Lembro-me da minha vida com os meus pais e recordo de diversos momentos, mas aqueles que não saem da memória são os que foram mágicos. Quando trago para a mente essas lembranças tão especiais, sou capaz de sentir novamente as emoções, o cheiro, o paladar, a brisa do vento, e noto que foi inesquecível para mim.

Buscamos equilibrar as coisas quando de fato precisamos harmonizar nossos momentos. Ao viver em estado de presença, devemos aproveitar integralmente o melhor de nós e dedicar a nossa melhor versão para aquela pessoa, a ponto de tornar o instante mágico e inesquecível. Somos seres capazes de executar diversas tarefas ao mesmo tempo, mas aquela que terá o melhor de nós é exclusiva. Portanto, por exemplo, quando estou ao lado de minha filha mais nova e estamos brincando, estou presente naquela brincadeira, entregando o melhor de mim. Quando estou à mesa de jantar com a minha família, estou dispondo o melhor de mim para aquela experiência. E quando estou no diálogo com uma pessoa da equipe, também estou presente com a minha melhor versão para proporcionar uma experiência de desenvolvimento para ela, da qual sairemos sentindo a magia da relação e da importância do encontro entre dois seres humanos.

Existem casos de reuniões em ambientes empresariais em que as pessoas, ao receberem o convite para a ocasião, já começam a vibrar uma energia negativa, com pensamentos de ansiedade, imaginando o que vai acontecer, considerando o histórico de experiências similares que viveram no passado e desejando que aquele encontro não aconteça. Durante a reunião, a condução é expositiva, agressiva e trata de assuntos óbvios e evidentes, como se todos tivessem de viver um papel. Durante o encontro, as pessoas vivem a sensação de um pesadelo e torcem para que o tempo passe o mais rápido possível, como se desejassem jogar fora alguns minutos da vida, porque os gastos ali não valeram a pena. No fim, todos saem com a sensação de estarem destruídos.

Parece trágico, mas infelizmente é comum. Cegos pelo poder e sem imaginar o que estamos provocando nas pessoas além da nossa soberba para que as coisas sejam feitas como queremos, impomos experiências desagradáveis e, ainda por cima, queremos que todos sonhem trabalhar conosco e deem o seu melhor todos os dias.

Criar momentos mágicos para as pessoas no ambiente de trabalho não é enfeitar os setores, pintar paredes, instalar equipamentos modernos de lazer para que todos possam se divertir. Não adianta ter ambientes físicos coloridos quando as pessoas estão monocromáticas, as emoções são negativas e a capacidade de contribuição delas é reduzida.

Criar momentos mágicos é proporcionar o máximo de experiências únicas e inesquecíveis para cada ser humano que encontramos, despertando o desejo de que aquele momento nunca acabe, porque reconhecemos o bem que ele nos faz. E, ao seguirmos em frente, levaremos tudo o que aquele instante nos proporcionou, desejando viver o nosso melhor porque fomos fortalecidos e ampliamos nossos vínculos emocionais.

As pessoas se conectam primeiro pela emoção e depois pela razão. Nosso sistema nervoso é magnífico nesse aspecto.

Você pode estar se perguntando: *E se estamos cheios de problemas e os resultados não aconteceram? O que podemos fazer se as pessoas não estão cumprindo o papel delas?* Podemos mudar o nosso modo de fazer as perguntas, nossa maneira de estimular as experiências e diálogos. Podemos anunciar um desafio e convidar as pessoas a buscarem soluções. Podemos aproveitar o grupo para que todos possam contribuir com ideias e trazer suas experiências para que o resultado aconteça. É uma chance de colocar nosso foco na busca da causa de um problema utilizando as ferramentas lógicas de solução e aproveitar a oportunidade para incentivar a sinergia da equipe. Podemos fazer uma infinidade de coisas se tivermos um olhar positivo para a oportunidade de aprender e superar os obstáculos rumo ao resultado que servirá ao bem comum.

Posso ter um gestor que critica e pressiona, mas também posso ter um líder que incentiva a busca de soluções, facilitando o uso de ferramentas de modo que os indivíduos aprendam e, com o passar do tempo, busquem superar seus desafios utilizando os próprios recursos e os de outras pessoas que possam ajudar.

Quando falamos de alguém que lidera pelo exemplo, incentivamos líderes que buscam soluções, com um comportamento que guie seus liderados para chegar a um estado maior de preparação e desempenho.

Todos querem evoluir e servir. Compete ao líder facilitar os caminhos e servir às pessoas para que cada novo momento de aprendizagem e experiência fortaleça a crença de que soluções são possíveis e modele a mente para buscar o aperfeiçoamento contínuo. Assim, certamente as pessoas ansiarão continuar nas reuniões mesmo que os assuntos estejam esgotados, porque viver aquela experiência foi tão engrandecedor que desejarão aproveitar mais a presença do líder.

Pessoas que fazem a diferença também precisam pensar diferente. Precisamos repensar os hábitos na execução de nosso papel como gestores, entender a magia que podemos proporcionar nos ambientes corporativos e conduzir as pessoas por um novo patamar de experiências.

Se estamos presentes naquele momento, todo o restante deixa de interferir nessa experiência e podemos viver o nosso melhor. Em qualquer atividade que realizamos podemos tornar essa experiência inesquecível. E considerando que o ser humano modela sua conformidade a partir da repetição de padrões, podemos estabelecer objetivos para viver mais intensamente os momentos mágicos em família, na comunidade, no trabalho, em todos os cantos. Aos poucos teremos hábitos saudáveis que harmonizam nossa atuação e proporcionam experiências também saudáveis para quem está ao nosso redor.

Neste momento,
resta-nos apenas
uma pergunta: o que
você tem feito para
gerar momentos
mágicos para as
pessoas?

CAPÍTULO 9
SERVIR PARA RECEBER

Chegamos ao fim do livro com o fundamental de tudo o que falamos até aqui, o ponto que diferencia na essência todo líder de um gestor – lembrando que o líder pode ser gestor, mas ser gestor não necessariamente o torna um líder –, e tenho certeza de que você, leitor, após estas páginas, já entendeu qual é o segredo.

Temos expectativas em relação às pessoas, e dentro das organizações desejamos que todos estejam de prontidão para servir e que sejam excelentes no cumprimento de seus papéis. Olhe para dentro de si e avalie-se no papel de líder, vivendo a essência e inspirado pelo seu estado de espírito: quanto você serve às pessoas que se encontram com você todos os dias? Como proporciona as experiências que farão as verdadeiras transformações para que elas vivam sua evolução e possam servir melhor?

Já temos todas as ferramentas necessárias para criar uma cultura de confiança e ajudar as pessoas no seu desenvolvimento, a fim de que a organização pulse com elevado nível de humanização em suas relações. Reconhecemos o propósito organizacional e das pessoas, e sabemos o que nos conduzirá para a prosperidade. No entanto, a atitude do líder no dia a dia, repetindo ações em que acredita e que demonstram seu genuíno interesse na prosperidade que pode proporcionar aos liderados, garantindo que vamos melhorar a nossa própria versão a partir de cada experiência, será o fator principal da transformação.

Em vez de esperar do outro, precisamos reconhecer o nosso papel e como o executamos. Antes o líder dá o exemplo para que depois sua equipe sinta confiança para caminhar em direção ao novo e realizar as mudanças de hábito de que precisam.

As grandes mudanças chegarão a partir do que realizamos a cada dia e de como ampliamos nossas ações e cultivamos novos apoiadores para que, aos poucos, possamos atingir o ponto de virada, tornando mais difícil voltar ao estado anterior do que seguir em frente.

Martin Luther King construiu uma trajetória até chegar ao dia do discurso histórico para 250 mil pessoas em Washington. Steve Jobs viveu uma história antes de fazer aquela palestra inesquecível para os jovens em Stanford. Antes desses momentos, esses líderes realizaram diversos outros discursos.

A nossa jornada para receber reconhecimento só será valorizada depois de muitas pequenas ações que, somadas, formarão uma obra grandiosa.

Ao depararmo-nos com um novo estado de conhecimento e consciência sobre os fatores que representam o mundo do trabalho e sua influência no engajamento das pessoas, também temos a representação da perda da nossa inocência. Portanto, continuar atuando no estado anterior é um mal para nós e para toda a sociedade que podemos servir e ajudar a transformar.

A arte de engajar tem o objetivo de reduzir os acidentes emocionais dentro das organizações, nas quais as pessoas se apresentam todos os dias para cumprir um papel sem propósito e que não gera boas emoções. Quando de fato as ajudarmos a ressignificar sua carreira, esses mesmos locais poderão ganhar vida por meio da qualidade das relações e do impulsionamento dos ambientes saudáveis.

Quer mudar a vida das pessoas? Comece por mudar seus hábitos. Reconheça os gatilhos que o mantêm no comportamento atual e defina o que você fará para romper com essa conformidade que não gera resultados para si nem para os outros. Fortaleça sua trajetória para servir e em breve poderá receber as respostas que reforçarão a continuidade da sua transformação pessoal em benefício de toda uma comunidade que está ao seu lado todos os dias.

O princípio da reciprocidade atuará e, ao conquistar seus primeiros liderados ou apoiadores, cuide dessa relação e mantenha-se firme para fortalecer a

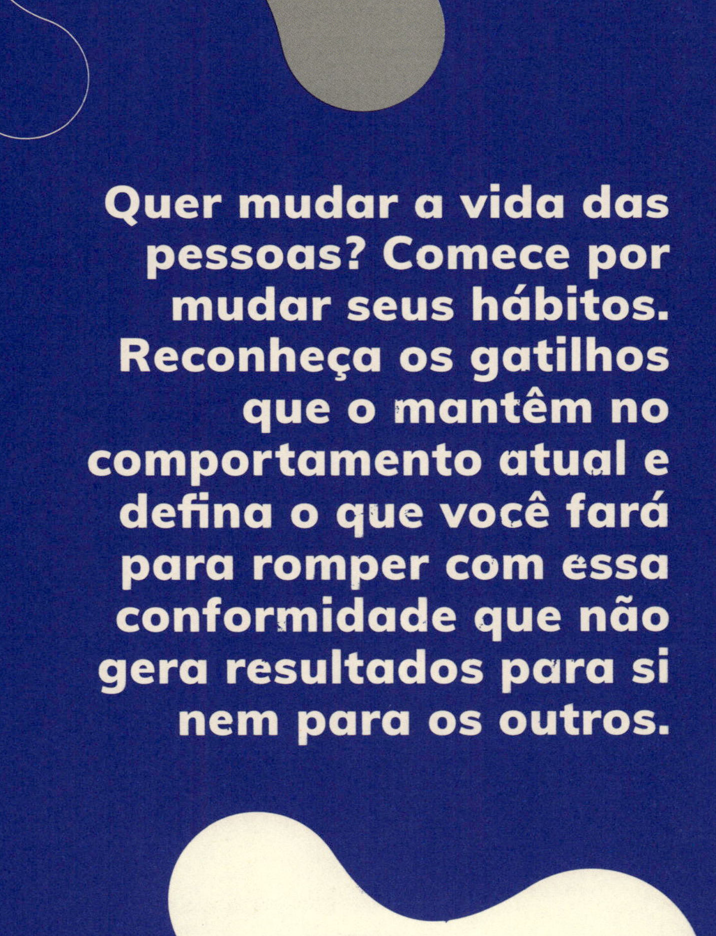

Quer mudar a vida das pessoas? Comece por mudar seus hábitos. Reconheça os gatilhos que o mantêm no comportamento atual e defina o que você fará para romper com essa conformidade que não gera resultados para si nem para os outros.

confiança e ampliar a sua tribo. Construir sua tribo do bem a fim de promover o engajamento é um ato de servir à sociedade. Ao caminhar ao lado de sua tribo, ficará mais fácil permanecer sereno ao deparar-se com pessoas que dizem que isso não leva a nada e que é apenas uma moda passageira.

Existirão momentos em que parecerá que tudo está dando errado e você sentirá vontade de desistir, mas lembre-se sempre de que devemos iniciar servindo para colher no futuro. Todas as mudanças têm seu ponto ótimo de desempenho e, quando ultrapassar essa linha, sua missão será irreversível e você estará construindo um legado.

COMECE → ACREDITE → CONECTE → CONFIE → MUDE → COMPARTILHE → CRIE UM LEGADO

O que você tem feito para cumprir sua missão com a sociedade por meio do trabalho?

Quem são seus seguidores fiéis e como você cuida da confiança deles?

Qual é o legado que você quer deixar para este mundo?

REFERÊNCIAS BIBLIOGRÁFICAS

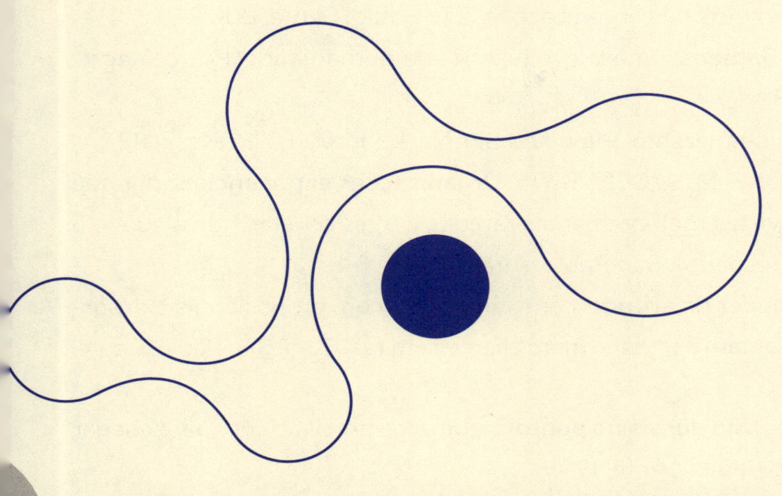

ALMEIDA, E.; KISLANSKY, K. **O poder do propósito**: como viver com mais sentido e potencializar resultados por meio do método Ikigai. Curitiba: Voo, 2019.

BARÉZ-BROWN, C. **Free!**: Love Your Work, Love Your Life. Londres: Penguin Group, 2014.

BUCKINGHAM, M.; CLIFTON, D. O. **Descubra seus pontos fortes**: um programa revolucionário que mostra como desenvolver seus talentos especiais e os das pessoas que você lidera. Rio de Janeiro: Sextante, 2017.

BUSH, M. C. **A great place to work for all**. São Paulo: Primavera Editorial, 2018.

CHAKRAVARTHY, B.; LORANGE, P. **Profit or Growth?**: Why You Don't Have to Choose. Londres: Wharton School Publishing, 2007.

CORTELLA, M. S. **Qual é a tua obra?**: inquietações propositivas sobre gestão, liderança e ética. Petrópolis: Vozes, 2017.

FERNANDES, M. **Felicidade dá lucro**: lições de um dos líderes empresariais mais admirados do Brasil. São Paulo: Portfolio-Penguin, 2015.

FRANKL, V. **Em busca de sentido**: um psicólogo no campo de concentração. 25. ed. Petrópolis: Vozes, 2008.

FREIRE, M. V. **Resolva!** São Paulo: Gente, 2016.

GLADWELL, M. **Fora de série – Outliers**: descubra por que algumas pessoas têm sucesso e outras não. Rio de Janeiro: Sextante, 2011.

HALL, K. **Os 4Cs nos negócios**: maneiras rápidas e simples de administrar equipes e projetos nas organizações. São Paulo: Gente, 2009.

HARARI, Y. N. **Sapiens**: uma breve história da humanidade. Porto Alegre: L&PM, 2018.

RADCLIFFE, S. **Leadership**: Plain and Simple. Londres: FT Press, 2012.

SALIM, I.; MALONE, M. S.; GEEST, Y. V. **Organizações exponenciais**: por que elas são 10 vezes melhores, mais rápidas e mais baratas que a sua (e o que fazer a respeito). São Paulo: Alta Books, 2018.

SLIVNIK, A. **O poder da atitude**: como empresas com profissionais extraordinários encantam e transformam clientes em fãs. 8. ed. São Paulo: Gente, 2012.

TRANJAN, R. A. **Não durma no ponto**: o que você precisa saber para chegar lá. 4. ed. São Paulo: Gente, 1999.

Este livro foi impresso
pela gráfica Loyola,
em papel pólen natural 70 g
em outubro de 2022.